S.F.
V.

Elizabeth Hardwick

Schlaflose Nächte

Aus dem Amerikanischen
von Regine Laudann

S. Fischer

Die amerikanische Originalausgabe erschien 1979
unter dem Titel »Sleepless Nights«
im Verlag Random House, New York

Satz: Wagner GmbH, Nördlingen
Druck und Einband: Franz Spiegel Buch GmbH, Ulm
Printed in Germany 1988
ISBN 3-10-029905-1

Für meine Tochter Harriet
und
für meine Freundin Mary McCarthy

Erster Teil

Es ist Juni. Dies ist, was ich jetzt mit meinem Leben machen will. Ich werde diese Arbeit tun und verwandelte, ja entstellte Erinnerungen aufzeichnen und dieses Leben führen, das Leben, das ich heute lebe. Jeden Morgen der blaue Wecker und die gehäkelte Bettdecke mit ihren rosa und grauen und blauen Karos und Rauten. Wie hübsch sie ist – das Werk einer zerbrochenen alten Frau in einem elenden Altersheim! Das Hübsche daran und den Schmutz und das Leid eines apathischen Kampfes – das sehe ich. Schöner freilich ist der Tisch mit dem Telefon, den Büchern und Zeitschriften, die *Times* vor der Tür, der Vogelsang von rauhen, murrenden Lastwagen auf der Straße.

Wenn man nur wüßte, woran man sich erinnert oder zu erinnern vorgibt! Triff eine Entscheidung, und was du von den verlorenen Dingen haben willst, wird sich einstellen. Man kann sie herausnehmen wie Dosen aus einem Regal. Vielleicht. Auf einer Dose würde »Rand Avenue in Kentucky« stehen, und einige Leute würden wenigstens die Adresse als richtig wiedererkennen. In der Dose sind die dunkel werdenden Veranden des Winters, die Gaskamine, das Gewimmel.

Die Sonne blendet mich. Wenn ich aufblicke, sehe ich verwirrendes elektrisches Licht hinter den Fenstern. Vielleicht genügen die Schatten, das Helle und das Dunkle. Stell dir vor, du wärest in Apollinaires Gedicht:

Hier bist du in Marseille, von Wassermelonen umgeben.
Hier bist du in Koblenz, im Hotel du Géant.
Hier bist du in Rom, unter einem japanischen Mistelstrauch.
Hier bist du in Amsterdam ...

1954
Liebste M.: Hier sitze ich nun in Boston, Marlborough Street Nr. 239. Ich blicke auf ein Schneetreiben hinaus. Es senkte sich herab wie ein großer Waffenstillstand, der allen einfachen Kämpfen ein Ende macht. In dem außergewöhnlichen Schnee gehen die Leute wunderbar kostümiert umher – in alten Mänteln mit Pelzkragen, wollenen Mützen und Schals, in hohen Stiefeln und ledernen Wanderschuhen, die wie Kupfer glänzen. Unter dem gelben Schimmer der Straßenlaternen kann man sich ein wenig vorstellen, wie es vor vierzig oder fünfzig Jahren war. Die Stille, die Weite – Sehnsucht und Romantik in der klaren, ruhigen, weißen Luft ...
Hab mich mehr oder weniger eingerichtet in diesem schmucken Haus. Geblümte Vorhänge nach Maß, Läufer für die Treppe zugeschnitten, Bücherregale, Holz für den Kamin. Wenn man die vier Stockwerke hinauf- und hinuntersteigt, überkommt einen das Gefühl von Besitz – vielleicht. Es mag einem gehören, aber das Haus, die Möbel streben ins Allgemeine; und bald wird es wie eine Regieanweisung lauten: Schauplatz Boston. Dem Gesetz muß Genüge getan werden. Schränke, Tische, Geschirr, die alltäglichen Gewohnheiten ordnen sich ein.
Schöne Kaminsimse aus verziertem Marmor – neo-klassische Muster in verblichenem Schwarz und blassestem Grün. »Sind

allein schon den Preis des Hauses wert«, hatte der Makler mit dem Brustton der Überzeugung gesagt; und dieses eine Mal hatte er recht. Aber es ist das Haus als Ganzes, das meine Gedanken beschäftigt. Im zweiten Stock zwei Salons. Großartig, ja, aber Nr. 239 ist sicher nicht ohne Nischen des Elends, Ecken der Schäbigkeit. Dennoch, es ist ein Schauplatz.

Hier sitz ich nun mit meinem Hibiskus, der im Erkerfenster blüht. Der andere Salon geht auf die Gasse zwischen Marlborough und Beacon hinaus. Da hält ein Idiot einen Hund an der Kette, Tag und Nacht. Junggesellen-Gerümpel, Verfall, Verwirrung türmen sich um ihn auf. Ich denke mir, er hatte einmal eine Familie, aber sie ist auf und davon. Ich stelle mir vor, daß er zu seinen Kindern, wenn sie ihn besuchen, sagt: »Kommt und seht euch den Hund an der Kette an. Er ist ein Geschenk.« Um dem Hund zu helfen, rufe ich die Polizei. Der Mann schaut bestürzt zu meinem Fenster hinauf; er weiß nicht, was er Unrechtes getan hat. Darwin hat einmal geschrieben, das Leiden der Tiere zu allen Zeiten habe ihn so bedrückt, daß er es nicht mehr ertragen konnte, daran zu denken.

Liebe Grüße
Elizabeth

Der Juni begann mit Hitze. Ich machte eine Reise, und natürlich war gleich alles neu. Wenn man reist, ist die erste Entdeckung, daß man selber nicht existiert. Der Phlox blühte in seinen verblichenen Purpurtönen, am Berghang phallische Pinien. Fremde unter den Arkaden, in den Korbwaren-Läden. Ein Dunstschleier verwischte die Konturen der Berge. Ein trüber, erschlaffender Himmel. Als ginge der Sommer schon zu Ende, als würden bald die Boote eingeholt, die Fähren am Pier vertäut.

Ich suchte nach etwas Fossilem, nach irgend etwas – Menschen und Orte, die dick und verkrustet ihre Gestalt gefunden hatten – statt dessen sehe ich viele, viele Elritzen, die heftig zappelnd, zitternd, in wilder Wachheit dem Netz zu entkommen suchen.

Kentucky: das gehört sicher dazu. Meine Mutter wohnte als Mädchen in so vielen Städten in North Carolina, daß sie in meiner Erinnerung durcheinandergeraten. Raleigh und Charlotte. Sie hat ihre Eltern kaum gekannt; sie starben so schnell, wie die Leute damals starben, denn irgend etwas lag immer in der Luft – Lungenentzündung, Diphtherie, Tuberkulose. Ich kenne niemand sonst, dem die Vergangenheit so gleichgültig war. Es war, als ob sie nicht wußte, wer sie war. Sie hatte Brüder und Schwestern, die sie aufzogen; und ihre Namen sind auf uns übergegangen.
Ihr Gesicht, das meiner Mutter, steht mir nicht klar vor Augen. Eine knochenlose, sanfte Anmut, mit kleinen braunen Augen und ganz schmalen Brauen, mit Bleistift geschwärzt.

1962
Liebste M.: Jetzt bin ich wieder in New York, 67. Straße, in einem hohen, steilen Haus mit langen, schmutzigen Fenstern. Am Spätnachmittag, in der Düsternis des Winterhimmels, stelle ich mir manchmal vor, es ist Edinburgh in den neunziger Jahren. Ich bin nie in Edinburgh gewesen; aber ich mag Städte von einer vernünftigen Größe, Provinzhauptstädte. Aber hier ist ganz entschieden New York, unter meinen Füßen und über meinem Kopf. Der Zug von Boston hierher war nicht leicht – als überquerte man ein Meer oder einen Kontinent – als müßten alle

Sachen über die Berge geschleppt werden. Ich kann sagen, daß der Zeichentisch und die Kommode schlecht auf das plötzliche Exil vorbereitet waren, auf den Regierungswechsel, der es gewissermaßen für mich war. Nun stehen Tischchen von dunklem Eichenholz in der Ecke, darauf Flaschen und ein Eiskübel. Fünf der Naval-Academy-Teller sind zerbrochen. Die Uhren haben ihren letzten Schlag erlitten und werden nicht wieder zum Leben erwachen. Die alten Schreibtische stehen starr, erniedrigt, angeschlagen.

Beiseitegeschobene Dinge und alte Menschen, steif, mit erschöpften Adern und verkalkten Arterien, mit wunden Fußballen und schmerzenden Sohlen, mit schütterem Haar und unschlüssigen Gedanken, als seien sie über die Karpaten aus sumpfigen Niederungen gekommen – so geht es einem hier in der heiligen Stadt. Tante Lottes Porträt wird nie wieder ausgepackt werden. Sie findet ihre Ruhestätte in dem Grab ihrer Kiste im Keller, und ihr Requiem ist das Summen der Subway unter der Siebenten Avenue.

Natürlich gehören *diese Sachen nicht mir. Ich glaube, man spricht gewöhnlich von ihnen als* unseren, *mit diesem Teebeutel von einem Wort, das man in die Bedingungsform taucht.*

In Liebe, in Liebe,
Elizabeth

»Aller Anfang ist heiter; die Schwelle ist der Platz der Erwartung«, sagte Goethe. Wieder in New York, um dort für immer zu bleiben, sich auszuruhen auf den großzügigen Annehmlichkeiten, die es Frauen bietet. Lange Kleider, Arroganz, endlose Chancen, die Betrüger zu betrügen, die Mitwisser, die Verschwörer, die Kreditkarten.

Damals war ich ein »wir«. Er ist heiter und spöttisch, trinkt Gin nach eines langen Tages Arbeit und spricht etwas wie dies vor sich hin:

»Die Tyrannei der Schwachen ist drückend; und doch ist es besser, von den Schwachen ausgebeutet zu werden als von den Starken ... Unterwerfung unter die Mächtigen gibt es im Übermaß, und sie ist letzten Endes sehr langweilig und ermüdend. Es liegt darin nichts Subtiles oder Interessantes ... hauptsächlich, weil das Ganze zu oft ausgeübt wird. Ein bißchen Üben am Morgen, ein bißchen Üben am Abend ... Mann und Frau: in dieser strengen klassischen Tradition ist kein neuer Zug zu entdecken. Auseinandersetzungen sind wie das Schleifen rostiger Klingen, wie der alte Motor und sein lästiges Klopfen. Der Hund knurrt. Auch er kennt seine Stichworte.«

Kann es sein, daß ich gemeint bin?

Es ist wahr, bei den Schwachen geschieht dauernd etwas: Improvisation, Überraschung, Spannung, Ungerechtigkeit, Manipulation, Hypochondrie, heimliches Trinken, Eifersucht, Lüge, Weinen, Verstecken im Garten, mitten in der Nacht Davonfahren. Die Schwachen haben den reinsten Sinn für Geschichte. Alles kann sich ereignen. Jeder von ihnen ist ein Handleser, der seine eigenen Linien deutet. Ja, ich werde entweder ein langes oder ein kurzes Leben haben; er (sie) wird entweder blond oder dunkelhaarig sein.

Fahrkarten, Wanderungen, Sorgen, Besitz, Schulden, Wechsel des Namens und wieder zurück: das kam vom vielen Bücherlesen. Von Kentucky nach New York, nach Boston, nach Maine, nach Europa, getragen von einem

Strom von Kapiteln und Absätzen, von Blankversen, kleinen Büchern aus dem Polnischen übersetzt, großen aus dem Russischen – alles konsumiert in sitzender Schlaflosigkeit. Genügt das – mal abgesehen davon, daß es die Wahrheit ist. Es ist sicher nicht so dramatisch wie: Ich sah den alten weißbärtigen Fregattenkapitän am Hafen und musterte an. Aber schließlich bin »ich« eine Frau.

Ich finde mich im Zug von Montreal nach Kingston wieder. Ich fahre auf ein paar Tage zur Universität – es ist noch nicht so lange her. Es ist Sonntagabend, tiefer Winter, und wir eilen durch die kalte, schwarze Leere. Manchmal leuchtet in der Ferne der Bronzeschimmer eines Autoscheinwerfers auf, flackert in den Kurven wie eine Kerze. Der Zug scheint immer geradeaus zu fahren in diesem glücklichen, großen, leeren Land.

Es ist deutlich unter Null; aber im Salonwagen herrscht eine sinnliche tropische Hitze, eine irgendwie männliche Hitze. Ich bin die einzige Frau im Wagen Nr. 50.

Sie sind sehr laut. Ein mechanisches Lärmen und viel von dem gekünstelten Lachen einer Gruppe, die zu lange beieinander ist. Die Männer sind in einer forcierten Urlaubsstimmung, die sich dem Ende nähert und allmählich abstirbt. Die meisten sind betrunken, und der eine oder andere sieht elend aus. Kanadier, erbrecht euch nicht über mich! Es scheint, sie sind bei einer Versammlung gewesen, einer Tagung. Durch ihren Beruf sind sie verbunden; vielleicht verkaufen sie irgend etwas. Gewiß sind sie nicht besonders reich, nein, bestimmt nicht. Das sagen mir meine würdelosen Berechnungen, die sich auf die Arithmetik von Snobismus und Scham gründen.

»Scham macht erfinderisch«, sagte Nietzsche. Und das ist noch milde ausgedrückt. Aus Scham habe ich Kleider, Schuhe, Ringe, Uhren, Zähne, Haltung und Benehmen, Ausdrucksweisen aufmerksam beobachtet. Die Männer im Zug tragen Anzüge, die für keine Jahreszeit gemacht sind und daher immer unpassend und widersprüchlich wirken. Sie sind hart und dünn, grell und leicht, geschneidert mit der Unangemessenheit, die der beherrschende Gedanke der jahreszeitlosen Kleidung ist. Pastelltöne, so blau wie das Meer, grün wie das Land, die Sakkos mit kariertem Futter, die Nähte mit weiten andersfarbigen Stichen genäht. Übergroße Revers und Taschen; frostige Blautöne und zweifarbige Stücke herrschen vor; Nylon und Dakron in der Glasesglätte der bügelfreien Stoffe. Dagegen sind die Zugschaffner aus Trinidad traditionell gekleidet und wirken wie Fürsten. Schwarze Hose, rotes Baumwoll-Jakkett, weißes Hemd, schwarze Schleife, schwarze, glänzende, aristokratische tropische Gesichter.
Die Männer im Zug sind sehr weiß, sehr blond; und sogar nußbraunes Haar liegt über rötlich-blonden Brauen. Ihre helle Haut erinnert mich daran, daß sie wahrhaftig meine Brüder sind, die zu meinen Schwestern, meinen Schwägerinnen heimfahren. Ihre Anwesenheit bereitet mir Unbehagen; einer weckt meine Erinnerung, denn er hat einen ein wenig angeschlagenen Schneidezahn, der eine elende Nacht auf dem Sofa eines Studentenheimes heraufbeschwört. Ein anderer hat einen zu engen Schuh ausgezogen und betrachtet lange und genüßlich seinen befreiten Fuß. Keiner ist mir fremd; so nahe sind die bläßlichen Augen, die Scheitel in ihren Haaren, die rührende, träge Heiterkeit.

Borges stellt die Frage: »Sind nicht die glühenden Shakespeare-Verehrer, die jeder Zeile von ihm verfallen sind, sind sie nicht eigentlich Shakespeare selbst?«

Hier, durch die schwarze Nacht dahinjagend, vereinen sich diese Männer in ihren hellen Anzügen, unter dem schwindenden Mond ihrer Trunkenheit, mit meinem Fleisch, als wäre ich mit jedem auf dem Rücksitz seines Autos gewesen, hätte über dem ungesicherten Text jedes dieser Männer »gebrütet«. Männer mit rotgeränderten Augen, schweren High-School-Ringen, mit weißen Baumwoll-Unterhemden. In ihrer Jugend haben sie an der Tankstelle gearbeitet, um sich auf die lebenslange Arbeit für die Familie vorzubereiten, die sie schon damals im Auge hatten.
Der Speisewagen, auf dessen Boden nun der Abfall rattert, jagte rückwärts. Eine Pforte wimmerte in ihren rostigen Angeln, ein altes Auto und ein Kleinlastwagen standen auf dem Kies; die Tür schließt sich hinter meinen Brüdern und Schwestern, die spät heimkommen und schweigend in eins der vielen Betten mit der angenehmen Kuhle in der Mitte fallen. Die Seufzer und Tränen, die gekränkten Ausrufe, all die Schicksale, verbunden durch eine Ähnlichkeit von Stirn und Nase, durch unwiderstehliche Sympathien und die Distanzen, die jeder sich aus Eitelkeit erschuf – der Traum, ein Waisenkind zu sein.

Pasternak schrieb: *Ein Leben leben, heißt nicht, über ein Feld gehen.* Und auch nicht, einen Berg erklimmen. Leconte de Lisle sagte neidisch von Victor Hugo, er habe »die Stupidität des Himalaja«. Das mörderische deutsche Mädchen mit ihrem Bergstock und ihren Wanderschuhen ruft dem alten Baumeister zu: »Höher, höher!« Er stürzt zu Tode; und damit drückt Ibsen seinen Abscheu vor dem Schwindel aus oder auch dem Dünkel da oben. Er selber setzte seine randlose Brille auf und zog die Mundwinkel herunter, wenn feurige junge Mädchen ihn für dümmer hielten, als er war. Ibsen war kein glücklicher Mensch. Den ganzen Tag Arbeit, eine ganze Menge Schnaps am Abend, und zu Hause sagte seine energische Frau, nachdem sie den kleinen Sigurd Ibsen geboren hatte: »Das wär's, das reicht.«

Mehr oder minder gerade über das Feld, auf die Baumgruppe zu oder den Steinwall, der das Ende deines Besitzes bezeichnet; auch nicht langsam nach oben, sondern oft außer Atem. Dennoch: Tiefe Veränderungen und Umzüge im Laufe der Zeit sind wie Risse in der Seele. Wo ist Vermont oder Minnesota, nachdem du gepackt und das alte Eheweib nach Florida geschleppt hast – um zu leben, um zu leben, ohne den Ofen und den Schneepflug? Während du lebst, ist ein Teil von dir schon auf dem Friedhof.

Kentucky, Lexington; die Universität, Henry Clay High School, Main Street. Der Friedhof von Elternhaus, Erziehung, Nerven, Erbgut und kleinen Ticks. Wenn es dahinschwindet, ist es traurig; wenn es bleibt, ist es ein Stachel. Bäume, Blumen, vornehme alte Häuser, triumphierende Farmen am Stadtrand – darin liegt wenig Zerstreuung für das Herz angesichts der antiquarischen Interessen der mittleren Jahre. Verkäuferinnen und Kellnerinnen sind die Heldinnen meiner Erinnerungen, ausgestoßene Frauen, die ihre Kinder allein aufziehen müssen; sie halten die Dinge offen, erhellen die Nacht in der Main Street, diesem damals paradiesischen Zentrum der Städte. Woolworth, der Zigarrenladen, drei Kinos, zwei aufreizende Hotels, deren Papierkörbe Memoranden der Geschäftsreisenden und die hyperbolische, mißgestaltete Prosa verbotener Liebesbriefe enthielten.

Es ist nicht wahr, daß es gleichgültig ist, wo man lebt, daß man auch in Hatford oder Dallas nur man selber ist. Auch ist es nicht wahr, daß alle Menschen eine natürliche Verbundenheit mit ihrer Heimat haben. Viele wurden durch ihre Geburt achtlos dahingeworfen, und sie erleben die Minderwertigkeit und manchmal den angenehmen Trotz ihrer Zufallsexistenz. Amerikaner, die Deutsche, Deutsche, die Franzosen sind, wie vielleicht Heine.
Der Makel des Ortes hängt einem an, nicht als Geburtsrecht, sondern als etwas Künstliches, ein bißchen Kosmetik. Ich selber rechne mich zur Importware, zu jenen mißtönenden und mißgetönten Stücken, die in der Vitrine zwischen das einheitliche Porzellan-Service geraten sind. Ich weiß von keinen Verwandten, die nicht im Süden geboren sind, kaum von solchen, die heute außerhalb des Südens leben. Trotzdem fürchte ich mich vor der Nacht auf dem Lande und ihrem ehrlichen Schlummer, fühle mich sogar bei Tage unbehaglich mit den »Ur-Siedlern« und der alten amerikanischen Rasse. Der Highway, die Asphaltpfade der Stadt, die Diebe, der verunreinigte Himmel wie ein erstickender räudiger Pelzmantel, die Millionen in ihren Vierteln – das ist wirklich Heimat.

Ich habe immer, mein ganzes Leben lang, Hilfe von einem Mann erwartet. Sie ist oft gekommen und noch öfter nicht. Das hat früh angefangen. Wir, einige Mädchen aus der Nachbarschaft, hatten einen sehr nett aussehenden alten Mann kennengelernt, nicht wie unsereins angezogen, sondern ein Herr in einem schwarzen Anzug mit einem weißen Oberhemd und einem freundlichen, höflichen Lächeln. An Samstagnachmittagen wartete er auf uns, ging mit uns ins Kino und kaufte uns Schokolade. Im Dunkeln, an jeder Seite ein kleines Mädchen, gerade sitzend wie Karyatiden, fuhr er uns mit der Hand unter den Röcken über die Schenkel. Das erste Geschenk des Raubtiers, die bunte Erzählung auf der Leinwand und die Schokolade, offenbarte uns frühzeitig die komplizierte Natur der Bestechung. Das zumindest war eine nachhaltige Lehre. Bestechung und noch mehr Bestechung – es wächst in dir wie die Backenzähne. Ein anderer, wirklich gebrochener alter Mann, arm und unwissend, mit einem stinkigen, wurzligen alten Gemüseladen wie ein Keller, verschenkte schleimige Gewürzgurken und klebrige Ingwerplätzchen.

Lexington, die Blaugras-Ebenen. Der Hengst Man o'War auf einer Ausstellung. Sein großer melancholischer Schädel bewahrt nur dunkle Erinnerungen an seine gefeierten Taten als Zuchthengst. Als Anblick hat dieses berühmte Pferd etwas von der leeren statistischen Überlegenheit der Pyramiden. Pferde. Überall Bilder von ihnen, auf Kalendern, auf Aschenbechern. Die Sattelplatz-Geschichten an den Wänden der Kneipen. Zerfurchte, gebrochene Jockeys mit Gesichtern wie Nußschalen. Glücklose Wetter, strahlende Frühlingsnachmittage und das Treffen zur Fuchsjagd im Herbst.

1940
Liebe Mama – ich liebe Columbia. Natürlich liebe ich es. Die besten Leute hier sind alle Juden – was Du »Hebräer« nennst. Dann sind hier noch ein nicht sehr interessanter junger Mann aus Harvard, der viel Grau trägt; ein dicker, pedantischer Mann aus dem mittleren Westen; ein enttäuschender Star aus Vassar. Sie werden alle von der Fakultät sehr bewundert, weil sie nicht besonders klug sind ...

Mutter und Vater sind bald tot. Darauf läuft es schließlich hinaus; aber sehen sie ihren eigenen Tod als den Verlust von Mutter und Vater? Ich erinnere mich unseres widerspenstigen Gartens, bepflanzt mit den störrischen, töricht anspruchsvollen Gladiolen, die, nachdem sie schrecklich verwöhnt worden waren, ihre rosa-orangenen Becher hervortrieben, und an die zurückgebliebenen Dahlien, die ewig zauderten, bis sie endlich in ihrem verdrießlichen Purpur erblühten.

Jahreszeiten der Natur und Jahreszeiten der Erfahrung, die als Überraschung erscheinen, aber nur das Eintreffen dessen sind, was der Kalender voraussagt. So der Vollmond der Tage, an denen man aufgeregt zur Kirche geht, und der Frost der Abtrünnigkeit, wenn man vierzehn wird. Man klettert auf die Wetterfahne und blickt zum Himmel auf, und dann, nach einem Augenblick Innehaltens, läßt man sich fallen.
Die Presbyterianer-Kirche war angenehm im Winter, mit

ihrer feuchtwarmen Kleiderablage und ihrem schneehaarigen Superintendenten und ihrem gedämpften hymnischen und diskreten Baptismus. Denkwürdiger und verwirrender waren heimliche Besuche bei den Zeltversammlungen von Wanderpredigern. Dort konnte man mehr als einmal, konnte man immer wieder gerettet werden. Ja, ich empfange Jesus Christus als meinen persönlichen Erlöser auf der Westseite der Stadt im Juni, empfange ihn abermals auf dem verdorrten Feld am Nordende im Juli, und dann wieder auf dem Zeltplatz im Süden im August. Viele der Geretteten, die sich nach vorn schlängeln und sich unter den rhythmischen Armbewegungen und goldenen Manschettenknöpfen des Predigers sammeln, sind gerade aus dem Gefängnis gekommen.

Unter der Kette der Glühbirnen in den feuchten Zelten kämpft eine Nacht lang der verzweifelte und schwankende menschliche Wille gegen den verbissenen Pessimismus der Erfahrung und den tiefverwurzelten Empirismus jedes verstörten Verlierers. Ruhe und Erlösung, der Balsam der Laster scheint so nah, daß sie den Bedürftigen durch die geöffneten Zeltklappen der Bekehrung treiben. Abgehärmte Seelen mit Gesichtern, die man schwer lieben kann: trockenes, gelocktes, braun-graues Haar in Netzen; nur dem Nutzen dienende Brillen, frühzeitig auf junge Gesichter geheftet; krumme Haltung und runder Rücken, Fleisch und Knochen aus der Form geraten durch Ungewißheit und Mißerfolg, und das grelle Licht schattenloser, rechteckiger Bungalows.

Vielleicht begann hier eine neugierige Sympathie für die Opfer von Trägheit und endlos wiederholten Fehlern, Sympathie für die Neigung von Menschenleben, den Gesetzen der Schwerkraft zu folgen und hinabzusinken, langsam und sanft fallend wie ein Papierdrachen oder gewaltsam stürzend, brechend.

Die Apotheose eines Lehrdiploms von einem College der Umgebung, eine himmlische und lange hinausgeschobene Belohnung für Mädchen. Sie wollen ein priesterliches Opfer bringen – sehr ähnlich jenen blassen Schullehrern in Lateinamerika, den Männern aus den armen Dörfern, die in ihren schwarzen Anzügen und weißen Hemden schwitzen und in ihrer visionären Berufung eine seltsame Liste von Züchtigungen empfangen und geben.

Da war ein Mann, der mir meine erste Lesebrille brachte. Ich brauchte sie gar nicht. Er war eine romantische Erscheinung, hauptsächlich weil er Französisch studiert hatte und die schwierigen r's dieser Sprache bewunderte. Er war groß, gutaussehend und nicht sehr wahrheitsliebend. Eine schwankende, ungewisse Natur verdarb ihn, und niemand verstand seine Anfälle von Überheblichkeit oder sein Eintauchen in Gleichgültigkeit und Melancholie. Und doch schienen sich Eitelkeit und eine ganz angenehme Sorglosigkeit in allen seinen Launen zu behaupten.
Dieser Mann sprach vom Reiz der »Erfahrung«, und ich folgerte, daß er damit die Neigung zu etwas einem selbst Entgegengesetztem meinte, ein Wesen oder eine Verhaltensweise, die niedriger war als man selbst, gefährlicher, riskanter. Seine Erfahrungen bestanden aus einer vergessenen Ehe, Liebeleien mit Kellnerinnen, Friseusen, Zigarettenverkäuferinnen in Hotels, hübschen, dahintreibenden Frauen – alles Verlierer. Eine seiner Leidenschaften war es,

Frauen zu erziehen; und er sprach mit ihnen über seine damaligen Interessen – James Branch Cabell oder die Gedichte von Verlaine. Er trug einen großen Namen, der im ganzen County bekannt war. Seine Familie war über seine Prätentionen bestürzt. Auf der Main Street spazierend, groß und blond und rauh wie ein Gote, stellte er sich als sinnlichen Ästheten dar, als Mann des Südens und Intellektuellen im Stil der Universität von Virginia. Sein Erlebnishunger war weniger tief als weit. Wie ein Schauspieler schuf er Räume um sich, und wenn andere sprachen, breitete sich ein geübtes dramatisches Schweigen über sein Gesicht aus.

Wenn ich an ihn denke, trägt er Braun. Er kommt auf mich zu. Wir sind in der Nähe der Bibliothek, im Schatten alter Bäume neben einem friedlichen Haus mit einem ummauerten Garten. Neugotik, weiße Säulen in der Ferne, alles in helles, hartes Licht getaucht. Er ist dreißig, und ich bin achtzehn. Keine Kraft des Geistes kann ergründen, weshalb der Altersunterschied für mich alles definierte, über jede Klarheit ein dunkles und unheimliches Rätsel warf. Dort in diesem Licht: sein maßloses Verlangen zu gefallen. Große, rechteckige Zähne und etwas von der nutzlosen Energie eines großen liebevollen Hundes. Der Sprung und Stoß seiner Begrüßung.

Seine Neugier entflammte sich an einem Wort, einem Adjektiv, an der verführerischen Tatsache, daß ich einen Band Thomas Mann aus den Regalen der Bibliothek nahm. Eros hat tausend Freunde.

Sein Wagen war schön, schwarz, mit einem Segeltuchverdeck. Von unserer ersten Begegnung an fuhr er mich nach Hause, um mich dann an der Ecke unserer Straße abzusetzen, etwa einen Häuserblock von unserem Haus entfernt. Das verriet seine Vorliebe für das Unerlaubte, sein Bedürfnis, der Szene einen Hauch von Mesalliance zu geben. Und auch eine korrumpierende Zweideutigkeit.

Wenig später fuhr er mich an einem Samstagnachmittag in einen muffigen, bedrohlichen Stadtteil, unter der Eisenbahn hindurch, in eine mürrische kleine Siedlung neben einem Autobahnkreuz. Ein baumloses, beinahe verfemtes Viertel, das ich kaum dem Namen nach kannte. Alte Katzen lagen träge in der Sonne, scheußliche Köter; und in der Mitte stand eine neue quadratische, weiße Kirche, wie eine Garage. Davor stellten mißtrauisch blickende Frauen Picknicktische für ein Kirchentreffen am nächsten Tag auf. Er lächelte den Frauen mit hungrigem Interesse zu. Er lächelte, verbeugte sich, der Wagen glänzte in der Sonne, sein Gesicht lebendig, fröhlich, als wäre er auf kostbares Material gestoßen, Material des Lebens. Ein kühnes, gieriges Lächeln.

Die Frauen vor der Kirche, gebeugt unter der Last ihres abwegigen, verzehrenden Sektierertums, schauten mit toten Augen zurück, das Pfingstfeuer in Asche erstickt. Der fromme Mund didaktisch heruntergezogen. Und doch machten der braune Anzug, das große, freundliche Hundegesicht einen Moment Eindruck. Das Mißtrauen kehrte zurück, als wir über die Straße gingen und in ein Haus traten.

Es hatte zwei Zimmer. Ich trat ein mit dem Gefühl, in einen Brunnen der Schande zu fallen. Dieses verletzliche, warnende Wort *Schande* trug ich seit Jahren und Jahren mit mir herum; es hat noch immer seine vernünftige, zurechtweisende Macht über mich. Es läßt das übermütige Herz

unter scharfem Flüstern gefrieren. Irgend jemand wohnte in dem kleinen Haus. Eine Frau. Parfüm und Puder und in der Ecke ein Paar gesteppte Pantoffeln.
Ich kämpfte nicht. Ich stellte keine Fragen. Die moralische Gewißheit quälte mich, aber der Schmerz war der Schmerz von alters her, und es war nicht zu viel Aufhebens davon zu machen. Er legte sich auf mich, lächelnd, höflich, entschlossen. Als er mich an der Ecke absetzte, rannte ich nach Hause, in ein Haus voller Leute, die der Verzweiflung nahe waren.
Was ihn betrifft, so ging er einige Jahre danach mit einem Mädchen an einen See in Ost-Kentucky, und dort sprang er plötzlich von einer hohen Brücke. Ich fragte nach. Nein, er war nicht deprimiert gewesen. Eher das Gegenteil. Er sprang gewissermaßen im Rausch in seinen Tod, von tapferem Hochgefühl erfüllt, mit echter, seltener Unbekümmertheit.

Manchmal war der Regen schön. Die lavendel- und silberfarbenen Streifen, die im Schlamm glänzten, wollen geehrt sein, ein Wort der Dankbarkeit empfangen. Die Wohltat der feuchten Nachmittage, der Trost, die Tür zu öffnen und alle zu Hause zu finden.
Was dann? Wohin? Sogar in der Mitte von all dem, in der liebevollen Wärme, der wohlmeinenden Drohung der Vertrautheit, wartet der Friedhof darauf, entweiht zu werden.

Abschied von Kentucky und unseren angenehmen Lastern. Wir gehen früh zu Bett, aber infolge des Whiskys selten mit klarem Kopf. Wir mögen grüne Bohnen und salzigen Schinken in dünnen Scheiben. Als ich von zu Hause wegging, sagte mein Bruder: »Es muß wundervoll sein, wenn man Erfolg im Leben hat; dann kann man immer zu den Pferderennen gehen.«

Abschied von dem kostbaren Kalkstein, von den Dynastien schneller Pferdebeine. Aber es war ein langer, ausgedehnter Abschied. Ich war im Bann meiner Mutter und wachte immer wieder in der 116ten Straße in New York auf und sehnte mich nach dem Anblick ihrer runden, weichen Kurven, ihrem Haar, das in losen Locken in die Schläfen hing, ihrem schweren Körper auf der Leiter, wenn sie Fenster putzte, nach ihren Braten und Kartoffeln und dicken Hefebrötchen; und nach ihren geduldigen Atemzügen im Hinterzimmer, wo sie unter ihrem klumpigen alten Federbett schlief.

In den letzten Jahren an der Universität in Columbia lernte ich ein Mädchen kennen, das auf dem Landsitz eines reichen Mannes auf Long Island aufgewachsen war, bei faulen, vornehm-modischen Leuten. Der Vater meiner Freundin war Gärtner, die Mutter Köchin. Mir kamen diese Lebensbedingungen hochinteressant vor, mir schien, das Mädchen bewohnte einen Leuchtturm, aus dem sie viel von dem sehen konnte, was eigentlich verborgen bleiben sollte, verborgen zumindest vor klugen, kritischen und belesenen Mädchen. Sie war bestimmt gegen hoffnungslose Imitation immun und nicht leicht zur Bewunderung zu bewegen. Ihre Augen, argwöhnisch wie der kühle Blick eines Detektivs, würden Heuchelei und bizarre Neigungen durchschauen. Aber nein, das ganze Leben dieses Mädchens war von dem Milieu, in dem das Schicksal sie hatte wohnen lassen, entstellt; ihre Intelligenz war hart und kompromißlos, und sie war bitter, erfüllt von Wut und leider auch einem mürrischen Neid.

In ihrem verdrehten kleinen Herzen pulsierte der Haß, wenn die Wagen die Auffahrt heraufrollten. Bei aller Leidenschaft für Proust und James haßte sie doch den Duft der reichen Abendluft, verabscheute die enervierend gedehnte Sprechweise der Debütantinnen. Aber ihre tiefste Abneigung richtete sich gegen ihre Familie, gegen den demütigenden Gedanken an die Heckenschere ihres Vaters. Eine Tragödie war für sie das Schlappen der Mutter in ihren Schwesternschuhen mit Gummisohlen, wenn sie eine Schüssel mit Gemüse gekonnt auf der Handfläche trug. Hier war wahrhaftig ein großer Geist vom Long-Island-Feudalismus zerstört – sie war eine knorrige, zornige Bäuerin, aufgewachsen in einer Gärtnerkate in Southampton.

Ich versuchte, eine Radikale aus ihr zu machen, aber sie kannte keine Gnade. Statt dessen wurde sie, während sie verbissen für ihren Doktor paukte, Lesbierin, oder beschloß, es zu sein. Sie stürzte sich verschreckt und verärgert in eine hoffnungslose Affäre mit einer hübschen älteren Frau aus England. Und was fand sie dort? Glück, Trost? Nein, sie fand mit ihrer unausweichlichen Glücklosigkeit einen Alptraum von Schwindel, Lüge, Betrug, Untreue und kalter Abwendung. All die rostigen Pfeile trafen sie bis ins Mark. Und sie stieß wieder ihren traurigen und durchdringenden Klageruf aus – *ah, perfido*!

Zweiter Teil

Alles stöhnt unter Verrat. Das gelbe, dürstende Gras, wenn der Regen es Tag für Tag gnadenlos betrügt und die Sonne die ganze Zeit am Himmel lächelt und für braune Beine und warmes Wasser für undankbare Schwimmer sorgt. Zuweilen, wenn ich an die Unglücklichen denke, die ich gekannt habe, scheint es mir, als lebten sie immer inmitten von ihresgleichen. Die Fenster nehmen an ihren Vorhängen Anstoß, das Licht an seinem gewobenen Schatten, die Tür an ihrem Schloß, der Sarg an seinem abscheulichen, erstickenden Erdhaufen. Was können sie tun? Das Gras zuckt die Achseln, die Fenster schmollen; das Licht glüht sardonisch, die Tür schwillt an und kann nur mit der Schulter aufgestoßen werden, der Sarg versinkt in einen langen, nicht unangenehmen Schlummer.

Wie dem auch sei, damals liebte ich es, zwischen New York und zu Hause hin- und herzufahren – nur um zu sehen, was, wie ich wußte, dort war. Ein Kälteeinbruch im Winter, die Judasbaumblüte im Frühling, viele Zähne, die gleich nach der Kindheit gezogen wurden. Die geheimnisvollen, Fieber messenden Nonnen im alten St.-Joseph-Hospital. Es erschüttert mich, wenn ich an frühe Tode zurückdenke, Jungen von der High School, auch Mädchen. *Er hat sich zu Tode getrunken* – ich könnte viele nennen, die keine fünfundzwanzig geworden sind.

Andere Tode. In der Nachbarschaft ein Mädchen oder eine junge Frau, die uns alle mit starkem Mitleid und Staunen erfüllte, mit einem Schauder des Symbolismus berührte, als wäre sie eine, die auf eine besondere, verfluchte Weise für viele litte. Sie war ein gefallenes Mädchen, und sie verkörperte den Zustand so intensiv und zufällig, daß es kaum zu ertragen war. Dieses Mädchen wurde Prostituierte ohne irgendeinen klaren wirtschaftlichen Zwang. Aber wer will über Notwendigkeit streiten?

Sie verbrachte ihre Nächte in den schmutzigsten und erniedrigendsten Spelunken und Absteigen, wanderte durch rohe Kneipen in der Nähe des alten Bahnhofs. Sie war die sehr geliebte Tochter eines Bahnarbeiters, der seine blauweiße Drillichmütze trug und sich die Gewerkschaftszeitung hielt. Ihre Mutter war kräftig und hochgewachsen und arbeitete schwer; ihre Großmutter war blond und groß und rauchte eine Maiskolbenpfeife. Juanita! Juanita! sangen sie ihrem einzigen Kind zu, riefen sie zum Lunch, zum Schlafengehen. Als sie noch in der Schule war, ehe ihre »Laufbahn« begann, stand sie auf dem Hof herum und zog an den dicken Korkenzieherlocken, die auf dem Kragen ihres frisch gebügelten Kleides lagen.

Sie war hochgewachsen und ziemlich unscheinbar. Sie entwickelte die Gewohnheit, jedem Blick auszuweichen, und daher überkam sie eine auffallende, doch anziehende Verlegenheit, wann immer sie jemand aus der Nachbarschaft traf. Sie trank, sie alterte, sie litt schrecklich an ihren Ausschweifungen. Und durch alle ihre Tränen und Schmerzen hindurch wurde sie sorgsam, geduldig von ihrer Familie gehegt.

Nach Mitternacht konnten wir öfter eine Autotür auf der

Straße hinter uns zuschlagen hören. Manchmal wurde Juanita von einem der altersschwachen Taxis nach Hause gebracht, die die ganze Nacht hindurch an ihrem Platz in der Innenstadt standen. Die gelben Lichter leuchteten in der Dunkelheit, wenn der Wagen langsam heimwärts schlich. Oder sie kam allein die enge, dunkle, mondschattige Straße herunter, mit flinken Schritten, klappernden Absätzen und hohlem, flachem Husten. Schließlich schlug die Fliegengittertür von Juanitas Haus leise zu. Zweifellos drehten sich dann die alten Leute in ihren Betten erleichtert um. Endlich war sie zu Hause, die große, lockenhaarige, sonderbare Wollüstige, sie schlief, die aufgeschwemmte und grob gewordene Tochter. Juanita mußte für alles bezahlen, für jeden Pfennig der Kosten kam sie auf. Sie weinte in ihrem Kater, vor Elend, vor Verwirrung, der schrecklichen Verwirrung einer aus den Fugen geratenen Welt, die sich um sie verdunkelte. Und schließlich weinte sie, weil sie geschlechtskrank war. Teilnahme und Bestürzung bei allen Frauen des Hauses. Juanita fühlt sich heute nicht wohl, pflegte ihre grobknochige Mutter, groß und proper in ihrem langen, weiten Hauskleid, zu sagen. Vielleicht hat sie sich ein bißchen erkältet. Höhnisch sagten die Nachbarinnen: »Diesmal hat sie sich mehr als eine kleine Erkältung eingefangen.«
Wenige Jahre später starb Juanita an Schmerzen und Entzündungen, die über den ganzen Körper wucherten; sie ging unter unglaublichen Leiden.

Ich erinnere mich gern an die Geduld alter Jungfern, an einige, die aussahen wie Kapitäne zur See mit ihren klaren blauen Augen, das Haar von sanftem, schneeigem Weiß, an ihre blendende Heiterkeit. Einsame, in Mühsal aufge-

wachsene Musiklehrerinnen, die Kinder mit Schmerz und Strenge in ihre eigene ehrenwerte Sackgasse führen und sie so die Tonleitern der Enttäuschung lehren.
Das Paradox der Frau, die ihre wahre Altjüngferlichkeit erst erreicht, wenn sie endlich verheiratet und versorgt ist. Sie übernimmt das Kommando und gerät in einen Zustand beherrschender Abhängigkeit, zu dem nur sie den Schlüssel hat. Wie selbstsicher ist ihre Herrschaft, wie geschickt ihre einzelgängerische Diplomatie, die Regelung der Zukunft und die Kontrolle der Gegenwart. Sie sammelt Einkünfte und teilt aus, sorgsam und nie vergessend, daß sie allein ist.
Oder wenn altjüngferliche Gestalten paarweise auftreten, manchmal Brüder und Schwestern, Clifford und Hepzibah. Unter der Prüderie und Zurückhaltung, der demütigen Ergebung, der dünnen Autorität, den Schleiern eines legendären *chagrin d'amour*, in Kriegen gefallenen unbekannten Liebhabern: eine gewaltige Turbulenz bricht aus ihnen heraus, wenn die Zeit reif ist. Nordlichter, Kometen.
Die Gesellschaft versucht, diese Leben zu schreiben, ehe sie gelebt sind. Es gelingt nicht immer. Ich kenne von zu Hause die anarchischen sexuellen Geheimnisse schlichter, unverheirateter Lehrerinnen, einige mit dicken Sparkonten, Grundstücken und Mietshäusern, gehorteten Erbschaften von Eltern, Tanten und Onkeln. Oft haben solche Frauen das Schicksal überlistet durch eine heimliche Vorliebe für Männer von schlechtem Charakter, Männer, die jünger sind als sie selber: eine Aushilfe im Garten, ein Herumtreiber, ein Strafentlassener. Nicht allen Frauen gefällt der Gentleman.
Je t'adore, brigand.

Meine eigene liebevolle, unermüdliche Mutter hatte neun Kinder. Diese verhängnisvolle Fruchtbarkeit hielt sie den größten Teil ihres Lebens unter der Herrschaft der Natur. Die Fruchtbarkeit war ein Ding, eine Präsenz, und meine Mutter schien darin wie in eine Glaskugel eingefaßt umherzugehen. Es war, was sie immer tat, und schließlich das, was sie getan hatte.

Manchmal, in der Dunkelheit meiner eigenen Nächte, kam ihr Leben zu mir zurück. Wenn die Bettdecke zurückgeworfen war, das Licht des Hotel Empire rötlich durch die Bambusjalousien schien. Liebe und Alkohol, und die Kleider auf dem Boden verstreut, Parfüm. Nein, nein, unmöglich war es das gleiche. Die unpersönliche Geschichte, das, was sich über alles breitet, hatte das Schlafzimmer, das Lieben verändert.

Die Weiblichkeit meiner Mutter war absolut, uralt, und eine eigenartige, hilflose Selbstgewißheit lag darin. Nicht die Gewißheit der Meinung, denn sie schien keine Meinung darüber zu haben und pflegte, noch als sie über siebzig war, nur die Achseln zu zucken und verwirrt dreinzuschauen, wenn die Rede auf ihre vielen Kinder kam. Oder sie sagte manchmal: »Es hat mich nicht unglücklich gemacht, wenn es das ist, was ihr wissen wollt.«

Die Selbstgewißheit bestand allein aus der alten, tiefen Akzeptanz der Dinge des Lebens. Es war anspruchslos, glatt und weich wie eine Handvoll Baumwolle. Ohne Plan, ohne Vorbereitung. All das kam später, als der Leib und sogar die Seele sich Tag für Tag um die Früchte dieser anscheinend natürlichen Akzeptanz sorgten.

Und sie war durchaus nicht wie die heiteren Paare und Kleinfamilien der fünfziger Jahre, die alle ihr Jahrzehnt in

dem neuen Kombiwagen auslebten, auf zum Campingplatz, zum Strand, zum Wochenende, mit Hund und Katze, Sommerhaus und Kamera.
Eine unsägliche Weiblichkeit, wie Flut und Ebbe. Beschämung angesichts dieser Meeres-Rhythmen war das unausgesprochene, vielleicht unbewußte Los der Kinder, die es in ihrer leidenschaftlichen Liebe zu ihrer gütigen, glücklichen Mutter ausdrückten – und in einer einzigartig niedrigen Geburtenrate bei sich selber.

Flaubert schrieb in einem Brief an Louise Colet, er könne nie eine Wiege sehen, ohne an ein Grab zu denken.

Auch in den Wonnen von New York zog es mich immer wieder nach Hause zurück. Weihnachtsbesuche in Lexington, hingetragen im Schoße eines George-Washington-Pullman-Wagens auf der alten C&O-Bahnlinie. Ich in einem angeblichen Nerzmantel aus dem Gelegenheitsladen in der 57. Straße. Der Zug fuhr durch die Bergbaustädte von West Virginia, hinunter durch Ashland, Kentucky, durch Olive Hill und Morehead, eine beißende, leere ländliche Stille den ganzen Weg entlang, die Hügel zu beiden Seiten sanft, als wollten sie den Zug in den Schlaf wiegen, während er durch das Tal glitt. Quadratische, schräg geneigte Holzhütten, an den Hügel geklammert wie Gemsen; Bänder von Holzkohlerauch im Nebel dahinziehend. Der Trail von Lonesome Pine, Little Shepherd of Kingdom Come, die verrufenen, greinenden Vokale und Diphthonge der Bergbewohner.
Wieder daheim, war mein erster Gedanke: Ich will nichts von Pferden hören, nichts vom Kentucky Derby. Aus der Schul-

zeit erinnere ich mich, daß jemand an der Landwirtschaftlichen Hochschule mit überraschender Radikalität eine Untersuchung geschrieben hatte, die nachzuweisen schien, daß die kostspieligen Sprößlinge der Vollblüter, die jährlich auf die Auktionen kommen, nicht mehr Geld einbringen, nicht mehr Rennen gewinnen als die Genies der niederen Pferdeklassen – wie diese begnadeten Mathematiker, deren Väter Süßwarengeschäfte führten. Die Freuden der Aufklärung.
Ich erinnere mich noch an die alte Rennbahn – bevor die neue in Keeneland angelegt wurde, bevor die Ställe brannten und die Pferde die ganze Nacht in ihren Gefängnissen schrien. Eine pastorale Atmosphäre lag über ihr, etwas Theatralisches und Marginales, wie ein Zirkus. Die strahlenden Nachmittage, das im Sonnenlicht verblaßte Blau, die sanfte Mailuft. Die Rennbahn in der Dämmerung, die Morgensonne, die gelassene Kurve der leeren Haupttribüne.
Am späten Nachmittag wird endlich das Hauptrennen gelaufen. Die Reinheit der Morgendämmerung ist vergessen. Hornstrauch und Flieder sind in der Kühle erschlafft. Und dann die Anspannung des Rennens. Schmerz und Freude der unerhörten Anstrengung erhalten schließlich ihre Weihe in wenigen Augenblicken. Die aufopfernde Kraft des Pferdes und sein faustischer Pakt mit dem Jockey – darin liegt eine Lehre. Eine *tristesse* fällt herab auf die Szene, auf die alte Erinnerung. Die Pferde werden zur Ruhe geführt, ihre Gefühle über das Rennen, das sie hinter sich haben, bleiben uns unbekannt.
Vielleicht ist es wahr, daß ich, weil ich von dort komme, als Spieler geboren bin. Und wie der Spieler in Dostojewskis großer Geschichte sagt: »Es ist wahr, daß nur einer von hundert gewinnt – aber was geht mich das an?«

Dritter Teil

»Die unaussprechlichen Laster von Mekka sind eine Schande für den ganzen Islam und eine ständige Quelle der Verwunderung für fromme Pilger.«

Für den Pilgersmann in Mekka bebte das Leben der Stadt unter seinen gefahrvollen Erlösungen.

Die 1940er

New York: dort wohnte ich im Hotel Schuyler an der 45. Straße, zusammen mit einem rotwangigen jungen Homosexuellen aus Kentucky. Wir kannten uns schon das ganze Leben lang. Unsere Freundschaft war ungestüm, und wir waren so verbohrt, kritisch, eifersüchtig und grausam wie jedes normale Paar. Wutanfälle, zugeschlagene Türen, Schweigen, Heuchelei. Jeder war dem anderen kostbar als Gegenstand des Klatsches und der Klage. Trotz seiner Veranlagung war es das Drama von Mann und Frau, eine genetische Dissonanz, sehr ähnlich dem ehelichen Geheul, das man vom Hof oder die rostigen Feuerleitern herauf- und hinunterkriechen hörte.

Das Teilen von Räumen – Räumen, die in diesen Hotels mit einer so brillanten Ökonomie angelegt sind, daß sie aus Fremden eine Scheinfamilie machten und eine Familie in Fremde verwandeln konnten. Dieses Teilen war alles, was »Zusammenleben« für uns bedeutete. Und doch

blühte diese aufreibende Freundschaft am Morgen auf und welkte abends, verdorrte im Winter und trieb im Frühling neu aus.
Oft lag ich wach, weil ich mich über eine von J.s Untaten ärgerte. Seine zwanghafte Sauberkeit brachte mich manchmal in Wut, als wären seine Gewohnheiten nicht sein Recht, sondern ein gefährliches Gift für das Leben, wie langsam aus dem Hotelofen ausströmendes Gas.
Abends suchte er seine Garderobe für den nächsten Tag aus und legte sie sorgfältig zurecht; Vorbereitung für den Aufbruch zu einer überaus verachteten Arbeit. Das Schlimmste war, daß J. ein unverrückbares Bedürfnis hatte, seine tadellosen Zähne sofort nach dem Abendessen zu putzen. Diese wunderliche Gewohnheit hielt ihn so stark gefesselt, daß er keine zufällige Einladung, keine unangemeldet auftauchende verführerische Gelegenheit ohne Beklemmung annehmen konnte. Die geheiligten Routinehandlungen trugen viel dazu bei, sein Sexleben zu hemmen, obwohl er jeden Samstagabend, pünktlich wie der Glockenschlag, in gewissen schwulen Bars anzutreffen war, wo er die stets gleiche Ration Bier trank.

Lieber J.: Jetzt wärest du gerade in einem intensiven mittleren Alter, wenn nicht die Achtlosigkeit anderer deinem ganzen Martyrium für das Detail in einer Sekunde ein Ende gemacht hätte. Auf einer Kreuzung in Los Angeles geriet ein Auto außer Kontrolle und streckte ihn nieder, ihn, der geduldig auf grünes Licht wartete. Es fällt schwer, sich nicht vorzustellen, daß der Wagen einen Moment die Herrschaft der Bremsen und die Tyrannei des Königs am Steuer abwarf, um sich bösartig in einem ekstatischen Gewaltausbruch auf J.s gepflegtes, pedantisches Leben am Bordstein zu stürzen.

Noch jetzt kann ich J. singen hören, in einem dünnen, reinen Tenor, mit einem Anklang der Berge, aus denen seine Familie gekommen war. Er fürchtete seinen Vater sehr, einen riesigen blonden Mann in schwarzen Anzügen, einen Geschäftsmann auf dem Lande. Als er starb, sandte die Staatsregierung eine Polizeieskorte zum Begräbnis, und die Gebirgsleute standen Spalier in den Straßen. J. liebte – als der klassische Fall, der er war – seine Mutter sehr, obwohl der Vater der Interessantere von den beiden gewesen war, aber er war zu groß, die Kleidung zu schwarz, die weißen Hemden zu sehr gestärkt, der Kragen zu steif.

»Ich erinnere mich«, erzählte J., »wie ich als Kind das erste Mal in sein Büro lief, ein Schwuler vom ersten Atemzug an, und ich wußte, daß man mir eine falsche Karte ausgeteilt hatte – dieser Mann, dreihundert Pfund schwer, hinter einem Rollpult sitzend. Sie erzählten mir später, ich hätte geschrien wie das Mädchen, das ich eigentlich war.«

Zu Hause, als gescheiter und bei manchen hochgradig unbeliebter Schüler, entwickelte J. eine Leidenschaft für Jazz und vielleicht auch für schwarze Haut, obwohl er bei Schwarzen zurückhaltend war. Die Jagd auf Schallplatten nahm ihn gefangen, und er warf sich darauf mit dem methodischen, dogmatischen Eifer seiner Natur. Die Musik schien in sein Fleisch zu schneiden und etwas wie eine Narbe nie befriedigten Verlangens zurückzulassen, fast eine Wunde des Gefühls. Wie alle Leidenschaften isolierte sie ihn, denn es gab viel, das er nicht bewunderte und das ihm andere, zu seinem wütenden Ärger, aufdrängen wollten. Und dann sagte er immer, es mache unglücklich, Jazz zu hören, wenn man Probleme habe oder mit der »falschen« Person zusammen sei. Zuweilen dachte er daran, es ganz aufzugeben, so schwer war zu definieren, sogar für ihn selber, was es mit populärer Musik und gewissen Arten, sie auszuüben, auf sich hatte. Was war es? . . . das Meer oder nur die Jugend?

Wir lebten da im Zentrum von Manhattan und spotteten über »Uptown« und »Downtown« und glaubten irgendwie, schon die Lage des Hotels sei ein überwältigender Segen. Kein Stern war am Himmel zu sehen; aber er war immer erhellt vom Flackern ferner Lichter. Kein Baum war zu sehen; aber wie durch ein Wunder sammelten sich kleine Haufen von Zweigen und Blättern in den Rinnsteinen. In dem undurchdringlichen Dschungel inmitten der Dinge zu leben, dicht an – was? Nur wenige Schritte entfernt von all den Ereignissen, zu denen man nie ging.
Doch es war Geschichte, nicht wahr? Das scharfe Zwielicht fiel in die Schluchten zwischen den grauen und roten Häusern. Im Innern war das Hotel eine Art Unterholz, sumpfiger, unsicherer Boden für das Irreguläre. Welch ein Mal hinterließen die alten Hotelgäste auf deinem eigenen unsteten Herzen – ihre brütenden Widersprüchlichkeiten, ihre Selbsttäuschungen und ihr plötzliches Verschwinden?
Diese Leute, und manche waren schon jahrelang dort, lebten wie in einem Haus, in das vor kurzem eingebrochen worden war, die Drähte durchschnitten, ihre Welt geplündert, ihre Erinnerung ein Klagelied von seltsamen Verlusten. Es war, als hätten sie sich selber ausgeraubt, und

das gab ihnen eine gewisse Heiterkeit. Es war aber nicht so, daß das gemietete Hotelzimmer ihnen nichts gab. Es gab ihnen eine Menge. In ihrer Sorglosigkeit erhoben sie sich über ihre vergessenen Darlehen, ihre düsteren Rückstände, ihre verschwendete Mitgift, ihre vielen Schulden, die sie erleichtert in die Papierkörbe fallen ließen, welche von den Dienstleuten abends geleert wurden.

Das Automatenrestaurant mit seinen jämmerlichen, wässerigen Makkaroni, seinem brotigen Hacksteak, den Würfeln vertrocknender Sandwiches; Schlamm, Leim und Leder – unter diesen Rohstoffen traf man seine Wahl. Das Elend der deformierten Esser und ihrer abstoßenden Sitten; diese Orte waren notwendig wie ein Gully, wie die Bowery; wie Klein's, wie die 14. Straße. Jede große Stadt ist ein Lourdes, wo man seine Krücken abzuwerfen hofft, aber einstweilen noch mit ihnen herumstolpern, unter dem Schutze des Heiligtums einherhinken muß.

Das Hotel Schuyler war mehr als nur ein bißchen schäbig, und sehr viel schäbiges Leben spielte sich dort ab. Seine fleckigen Teppiche und Wände waren eine Herausforderung, der keine Anstrengung gewachsen war; und Wurzellosigkeit legte eine harte Kruste über alles wie Schorf über einer Wunde. Wiederholung – keiner entkommt ihr jemals, und diese armen Leute, die es versuchten, steckten am tiefsten in der Falle.

Midtown – blick nach Osten, auf viele schöne und glänzende Sachen zum Kaufen. Blick westwärts, und du siehst ein stechendes Dickicht von Trunkenbolden, Schauspielern, Glücksspielern, Kellnern, Leuten, die den ganzen Tag in ihrer grau werdenden Unterwäsche schliefen und alles andere als frisch rochen, wenn sie ihre braunen Anzüge anzogen und ihre braunen Hüte mit der geschwungenen Krempe aufsetzten, um mit den chaotischen Taten des Abends zu beginnen. Damals hatten diese locker miteinander verbundenen Leute ein Gebaren, das manchmal gleichgültig und stumm, aber immer passiv war; die Gesichter auf den Straßen waren noch nicht zu einem Ausdruck von Gefahr und Gewalt, von Bosheit und Furchtlosigkeit gefroren, der Glasur des Todes im Lichte des Tages.

Die kleinen, hoffnungslosen Läden um uns herum erklärten, wie wenig wir von uns selber wissen und wie verwirrend unsere Souvenirs und Ikonen sind. Man beobachte die Fremden in der Stadt, sie sind ganz benommen, die Armen, treffen Entscheidungen, wechseln Münzen und Scheine gegen die gedankenlosen Andenken, die gewöhnlichsten Neuheiten. Sixth Avenue liegt begraben in den Schubladen, Schreibtischen, Kisten, Kellern und Dachböden der Enkelkinder. Schwarzgeworden die toten Uhren, die ovalen Ringe für den kleinen Finger, die glattpolierten Holzstücke in Form eines afrikanischen Kopfes, die Schlüsselringe mit dem Empire State Building. Und damals gab es kleine marktschreierische Läden, schmal wie Zellen, fast die ganze Nacht geöffnet, wo alte, abgespielte und zerkratzte Jazzplatten und Platten mit schwarzer Musik verkauft wurden – Label wie *Vocalion*, *Okeh* und *Brunswick*.

Und die fadenscheinigen Jazzclubs in der 52. Straße mit ihren auf Plakaten riesig vergrößerten Gesichtern, Instrumenten und Namen. Kleine Männer standen Zigarren kauend in Hitze und Kälte draußen und riefen die Namen der Mitwirkenden aus und: »Nur drei Abende!« oder: »Letzter Auftritt in New York!«

Am Bordstein aus einem Taxi steigend oder bei einem Drink an der White Rose Bar, da konnte man »sie« sehen, die großen Künstler mit ihren abgetragenen, braunen Gesichtern, geheimnisvoll am frühen Abend, ihr Husten, ihre gesprungenen Lippen und gelben Augen; ihre Kleidung frisch und hell und hart wie die gekielten Federn eines Vogels.

Und da war sie oft – die »bizarre Gottheit«, Billie Holiday.

Wirkliche Menschen: nicht wie deine Mutter oder dein Vater, nicht wie jene Freunde von einst, die jetzt im Elternhaus allein leben mit dem Silber und den Bildern, ein paar neuen Lampen und einem neuen Dach – endlich niedergelassen, und sich auf das Sterben vorbereiten.

Nachts bei kaltem Wintermondlicht, um 1943, war das Gepränge der Stadt noch fast gutmütig. Die Halbwüchsigen schliefen, und Drohung lag nur in der Ästhetik der Stadtlandschaft. In den Gossen schmutziger Schneematsch, ein verlorener schwarzer Überschuh, ein weißer Schlüpfer, vielleicht aus einem fahrenden Auto geworfen. Mörderische Zügellosigkeit begleitete diese Musik, untrennbar von ihr wie Haut und Knochen. Und Billies leuchtende Selbstzerstörung.

Sie war fett, als wir sie das erste Mal sahen, groß, strahlend schön, fett. Sie schien in diesem Augenblick, der niemals wiederkehrte, fast schon eine Matrone zu sein, jemand Wirkliches und Vernünftiges, die Geld auf die Bank trug, Papiere unterschrieb, zueinander passende Vorhänge hatte, die ihre Kleider aufhängte und Schuhe besaß, goldene und silberne, schwarze und weiße, die auf sie warteten. Was für eine fremdartige, trügerische Erscheinung war das –

Wahnsinn, denn niemals war eine Frau weniger Ehefrau oder Mutter, weniger gebunden. Nicht einmal für eine Tochter konnte man sie ohne weiteres halten; nur wenig erinnerte an die rührende Süße eines jungen Mädchens. Nein, sie war glitzernd, schwermütig und einsam, wenn auch natürlich nie allein, niemals. Stattlich, unheilvoll und entschlossen.

Die kremigen Lippen, die öligen Augenlider, das wilde Parfüm – und in ihrer Stimme die tropischen Ls und Rs. Ihre Präsenz, ihr Gesang erzeugten Schrecken, eine große, anschwellende Angst. Lange, rote Fingernägel und der Klang elektrischer Gitarren. Hier stand eine Frau, die nie Christin gewesen war.

Es wäre übertrieben zu sagen, daß ein Teil des weißen Publikums dieses barocke und rätselhafte Phantom »kannte«; und doch haben viele Leute Splitter von Erinnerungen, die *persönlich* gewesen zu sein scheinen. Zuweilen können sie sich an irgendein Gespräch erinnern. Und natürlich diese lasziven Gardenien, getragen wie ein großes, weißes, schönes Ohr; ein schweres Lachen, wunderbare Zähne, und der blendende Kopf, archaisch, wie aus der Ägäis angespült. Manchmal färbte sie ihr Haar rot, und die Locken lagen glatt an ihrem Schädel, wie getrocknetes Blut.

Am Anfang der Woche waren die Klubs *tot*, wie man sagte. Und das Frösteln des Versagens überall, stets sichtbar in den kalten Augen der Besitzer. Diese immer wechselnden Gestalten waren müde von ängstlichen Kalkulationen. Sie behielten ihr Lokal oft nur so kurze Zeit, daß die Tinte auf ihrer Lizenz kaum getrocknet sein konnte. Sie begannen mit der Hoffnung des Betrügers und fielen fast über Nacht in die Erstarrung des Bankrotteurs. Die Barmänner – schmächtige, wachsame, hartnäckige Gauner, grollende, schweigende Diebe. Umherstreifende Soldaten, betrunken und bekümmert, Musiker und nur wenige Leute, Paare, die einander in die Augen blickten, als wären sie sicher.

Mein Freund und ich, eigenartig und angespannt, wie wir waren, erlebten diese stillen Nächte in einer Freude, die ihre Flecken hatte. In unserer Gläubigkeit hofften wir, daß irgendein *Motiv* sich zeigen würde, daß unter der Glasur alte Muster einer verlorenen Welt zu entdecken seien. Der Verstand bemüht sich, die weißen Flecken der Vergangenheit zu beleben; und unsere blassen, graugrünen Augen blickten in die verschwommenen, dunklen, unbeständigen Tümpel der Geschichte – und erhielten nichts zurück.

Wenn sie da war in diesen schmuddeligen Nächten – Nächten, in denen Künstler auf der ganzen Welt lächelten oder tanzten oder so taten, als seien sie Prinzen aus dem Altertum, und ihre Vorführungen toten Räumen darboten –, war es unmöglich, den Tiefen ihres Unglaubens zu entfliehen, der harten, schrecklichen Freiheit zu widerstehen, die in einer wilden Ahnung ihres Schicksals lag. Und doch wich das Herz immer zurück vor der Kraft ihres Willens und seinem Spiel mit der Katastrophe. Es waren die quälenden Erlebnisse ihrer Vergangenheit, die sie zwangen, in der Herde zu leben, ohne aber deren Wärme empfinden zu können.

Nun, auch das ist Leben. Und einige waren immer da, und immer wird einer am Abend an das Denkmal im Park gelehnt dastehen.

Ein echter Nihilismus, wirklich echt. Betörte Blicke, die sagten: Schöner, schwarzer Star, kannst du mich lieben? Die Antwort: Nein.

Irgendwie hatte sie der Dunkelheit das Geheimnis reinen Stils entrissen. Das war es. Nur ein Narr bildet sich ein, es sei nötig, einen Mann zu lieben, irgendeinen Menschen, das Leben zu lieben. Ihre eigenen Leute, die um sie herum, fürchteten sie. Und vielleicht schämte sogar sie selbst sich oft der schweren Last ihres eigenen Geistes, der nie versucht war, sich in den Trost der Sentimentalität zu flüchten.

In meiner Jugend, daheim in Kentucky, gab es ein Tanzlokal am Stadtrand, den Joyland Park. Im Sommer kamen die großen Bands, Ellington, Louis Armstrong, Chick Webb, manchmal am Freitag und Samstag, oder nur einen Abend. Wenn ich von den großen Bands spreche, dann meine ich nicht, daß wir sie als solche ansahen. Nein, sie gehörten einfach zu den Sommernächten und den Hot-Dog-Ständen, den übelriechenden Swimmingpools voller Chlor, der kreischenden Achterbahn, den alten, vom Regen aufgesprungenen Picknicktischen, den zerbrochenen Eisenschaukeln. Und die Bands waren auch Teil der südlichen Betrunkenheit, der Coca und Whisky trinkenden, sich übergebenden, treulosen, sich in Liebeskummer verzehrenden, zügellosen Paare. Die schwarzen Musiker mit ihren unförmigen Instrumenten, ihren Smokings waren einfach dazu da, für den stolpernden, zärtlichen Foxtrott, das Engtanzen jener Zeit, den Takt zu schlagen.

Die auf dem Feld parkenden Busse der Bands, die Wohnwagen, in denen sie den Abfall von Zigaretten und Flaschen ertrugen, die heißen, vorbeischießenden Highways, die ganze Nacht hindurch oder mit wenigen Stunden Ruhe in den Schwarzenvierteln: die *via dolorosa* des Showgeschäfts. Irgendwo kamen sie schließlich an, im Nirgendwo bei einem großen oder kleinen Publikum, bei uns, zu Zeiten, die sich weniger nach den Musikern als nach dem Kalender des Parks richteten, nach den anderen Veranstaltungen, von denen die Menge in den Tanzsaal überschwappte. »Jimmie Luncefords Band? Spielen die auch mal was Langsames?«

Oder unsere High-School-Bälle im Winter, kleine, billige lokale Ereignisse. Wir drehten uns Locken, trugen rote Taftkleider, Satinschuhe, die sich in den Pfützen verfärbten; und vor allem waren wir in unsere ungestüme Hoffnung auf Beliebtheit gekleidet. Das war eine heiße Decke, ein luftloses Zelt; schwer atmend, grinsend standen wir da mit begierigen Augen, in der Nähe des Klaviers und um Fats Waller herumstreichend, der eigens aus Cincinnati gekommen war. Bitten um bestimmte Stücke, unverschämte Blicke, betrunkene Teenager, nickende Lehrerinnen, die auf uns aufpassen sollten: das boten wir der Musik, die wir, so nehme ich an, als etwas Unvermeidliches ansahen, das mühelos auf jedem Boden wuchs.

In der 52. Straße: »Yeah, ich erinner mich an deine Stadt«, sagte sie tonlos.

Und ich erinner mich an ihren Hund. Er hieß Mister. Sie war eine von den Frauen, die für große, überwältigende, eindrucksvolle Hunde schwärmen und ihnen die Sorgfalt und höfliche Pünktlichkeit zukommen lassen, die sie sonst jedem verweigern. Oft warteten wir in Panik auf sie in der Bar des Hotels Braddock in Harlem. Dort brachten die Kellner Platten mit Fleisch für den Hund auf ihr Zimmer. Und bald führte einer ihrer Freunde, der fast wie ein Kind aussah – so leicht zerbrachen andere an den energiegeladenen Schrecken ihres Lebens –, den großen Hund auf die

Straße. Diese Tiere, die in ihrem Ankleidezimmer schliefen, glichen kostbaren Skulpturen, dem Grabmal einer Königin würdig.

Das schiere Übermaß ihrer Laster. Die Ungeheuerlichkeit. Der ganz großen Zerstörung muß man würdig sein. Ihr rücksichtsloses Talent und seine luxuriöse Verwüstung. Auf die schwerste Heroinsucht türmte sie die Steine ihres Grabmals in gewaltigen Mengen von Scotch und Brandy. Keine Stunde des Tages und der Nacht, außer wenn sie schlief, war sie frei von diesen Dingen. Und einen flehenden Grund, sich davon freizumachen oder sich zu mäßigen, schien es nicht zu geben. Mit kaltem Zorn sprach sie von verschiedenen Kuren, die man ihr aufgezwungen hatte; und sie sagte mit schwerem Nachdruck, ihrer Rechte so sicher, als wäre sie beraubt worden: »Und ich hab noch selbst dafür bezahlt.« Aus einer mehrmonatigen Haft in einem Frauengefängnis in Westvirginia entlassen, trat sie, von den Gefängniskartoffeln aufgedunsen, noch am selben Tag auf die Bühne der Stadthalle, um etwas Geld zu verdienen und sofort wieder anzufangen.

Doch sogar in ihrem Fall wurde die Authentizität manchmal beiseite geschoben. Eine vage Regung in ihrem Kopf, und einen kurzen Augenblick lang brach ein Gemeinplatz aus ihr heraus und hing über ihr wie eine Sprechblase über dem Kopf der Heldin in einem Cartoon. Das kleine Mädchen mit seinem Wuschelkopf, Wäsche auf der Leine, die Hausfrau am Herd, ein Teller oder zwei, Kerzen. Eine Einladung zum Chili: *Ich bin an der Reihe.*

J. und ich gingen nach Harlem hinauf, gerade als der Winterhimmel sich zu verfinstern begann. Verdunkelte Fenster

mit schmalen Streifen wachsamen Lichts über den Fensterbrettern. Die Flure innen waren dunkel und leer, nur von Staubgeruch erfüllt. Wir traten ins Haus, in unseren dünnen Mänteln, mit schwarzen Handschuhen, die Gesichter blaß vor Kälte, und wir hatten die Schüchternheit von klinkenputzenden Mitgliedern einer Sekte. Eine eisige, zaghafte und zugleich pedantische Entschlossenheit. Unsere erfrorene Angst und Faszination trugen uns in die Leere des toten, alten Miethauses. Es war polizeilich gesperrt, zum Teil mit Blech vernagelt. Ein Polizist hielt trübsinnig Wache neben dem Treppenaufgang. Als wir ihren Namen flüsterten, starrte er uns mit zorniger Ungläubigkeit an. Sie wurde immer von der Polizei verfolgt, aber diesmal galt es nicht ihr. Irgendwo, weiter oben, hinter einer anderen Tür, hatte sich eine Katastrophe ereignet.
Ihre eigenen Platten liefen immer wieder auf einem Plattenspieler; sonst war alles ruhig. Alle ihre Wohnungen waren auf Zeit im wahrsten Sinne des Wortes. Aber sie füllte sogar das Zimmer eines schwarzen Hotels mit stechender, dämonischer Schwere. Momentan lebte sie mit einem Trompeter zusammen, der gerade bekannt wurde und bald darauf ganz und gar dahinwelkte. Er war dünn wie ein Stock, und sein hübsches, rundes, helles Gesicht mit den erschrockenen, glänzenden, runden Augen sah aus wie eine Opfergabe, die auf den Pfahl seines Nackens gespießt war. Sein jüngerer Bruder kam aus dem Schlafzimmer und stand vor uns, schwankend zwischen verwirrenden Möglichkeiten. Winzig, spindeldürr, zwanzig Jahre oder etwas mehr, war der junge Mann von einem wirren Durcheinander von Funktionen in Anspruch genommen, eine Art hektischer Hermes, der im Hades arbeitete, Zigaretten

kaufen ging oder ins Schlafzimmer zurückschoß oder fast unhörbar mit leichter, zitternder Stimme telefonierte, um irgendwas zu bestellen oder anzuordnen.
»Lady is'n bißchen spät dran. Sie hat sich zuviel aufgeladen.« Ächzen und Husten im Schlafzimmer. Im Schatten der pfirsichfarbenen Vorhänge wurde die blasse Rosenfarbe eines durchgesessenen Sofas sichtbar. Eine Muschel, noch immer leicht gerötet von der Geburt irgendeines Krustentieres, mit Zigaretten gefüllt. Auf dem Boden ein Strumpf. Und der Plattenspieler lief und lief mit der hellen Energie ihrer Songs. Zigarettenrauch und Parfüm und irgendwo ein schlagendes Herz.

In einem Winter trug sie einen großartigen Luchsmantel und bewegte sich darin drohend und schön wie ein Kosak, es war, als liefe sie im Käfig ihrer Vitalität hin und her. Durch ihre Reden jagten manchmal streitsüchtige Träume und Berichte von Wunden, die sie anderen mit zerbrochenem Glas beigebracht hatte. Und in der White Rose Bar punktierten tausend Zigaretten ihre Auftritte, die nicht nur durch ihre Brillanz, sondern vor allem dadurch, daß sie überhaupt stattfanden, etwas von Zauberei an sich hatten. Warten und warten, das mußte man, wenn man es auf sie abgesehen hatte. Man kam sich vor wie ein alter Droschkengaul vor der Haustür, bereit zum Trab durch den Park in kalter Mitternacht. Immer war sie hinter einer geschlossenen Tür – das Los derer, die süchtig sind, wonach auch immer. Und dann endlich mußte sie hervortreten, auftauchen in Puder und Vaselin, das Haar mit einer Brennschere gelockt, Handschuhe aus Satin oder Seidenjersey – das teure Martyrium der »Entertainerin«.

In der Zeit waren nicht viele Platten von ihr im Handel, und im Radio war sie selten zu hören, weil ihre Stimme dem damaligen Publikumsgeschmack nicht entsprach. Die Auftritte in den Nachtclubs waren notwendig. Es war eine Last, jeden Abend da sein zu müssen, wenn auch keine Last zu singen, sobald sie einmal begonnen hatte. Sie wußte, daß sie es konnte, daß sie es ganz beherrschte. Aber mußte nicht die Frage auftauchen: Ist das nun alles? Ihre Arbeit bekam allmählich einen Zug ins Zerstörerische, wie so oft bei den Hochbegabten, die ihre eigenen Höhepunkte endlos zu wiederholen verdammt sind.

Bei der Beerdigung ihrer Mutter verspätete sie sich. Endlich kam sie an, grimmig korrekt in einem schwarzen Turban. Einige Jazzmusiker waren da, das späte Morgenlicht fiel gnadenlos auf ihre unsteten Nachtgesichter. Am Tage hatten diese Leute, alle außer ihr, ein heimliches Vorstadtgesicht, wie Familienväter, die zur Nachtschicht gehen. Die Zeichen einer zerbrochenen Häuslichkeit, Signale eines realen Lebens, das für den, der es führte, fast eine geheime Existenz war, geisterten in der kleinen Kirche herum und verstärkten die seltsame Unwirklichkeit.
Ihre Mutter, Sadie Holiday, war klein und sentimental, bestürzt, so etwas Unerhörtes zur Welt gebracht zu haben. Sie versuchte, sich in Billies Leben zu schleichen, aber es war kein Platz und kein Bedarf für sie darin. Von Zeit zu Zeit kaufte Billie ihr kleine Restaurants, die sie ohne Geschick führte, so daß sie schnell Schiffbruch erlitt. Nie erreichte sie das Ziel ihres Lebens, ihren Traumberuf, »Billies Garderobiere« zu sein. Die beiden Frauen hatten keine Ähnlichkeit miteinander, weder in den Gesichtszügen

noch in der Statur. Die Mutter schien jeden Tag mit der nackten Erwartungsfreude eines Babys zu begrüßen und mit einem verblüfften kleinen Schrei der Enttäuschung zu beenden. Sadie und Billie Holiday waren eine Entgleisung, ein Riß in der Statistik des Lebens. Die große Sängerin gehörte zu denen, für die das Wort *Wechselbalg* erfunden wurde. Sie teilte dessen spektakuläres Los und war mit den feindseligen Kräften des Lebens vertraut.

Sie lebte bis zu ihrem vierundvierzigsten Jahr; oder sollte man lieber sagen, sie starb mit vierundvierzig? An »schweren Komplikationen«. War es ein langes oder ein kurzes Leben? Die »Highs«, die sie so angespannt suchte, blieben natürlich ein Geheimnis. »An allem ist Jimmy schuld«, sagte einmal jemand im Taxi und meinte damit ihren ersten Ehemann, einen legendären Clubbesitzer in Harlem zu der Zeit, als sie jung war.

Einmal kam sie uns im Hotel Schuyler besuchen, von irgend jemand begleitet. Wir saßen da in dem gepflegten Schmutz, und es gab nichts zu tun und nichts zu sagen, und essen wollte sie auch nicht. In dem verlegenen Schweigen empfand ich die tiefe Melancholie in ihren schwarzen Augen. Sie starb im Elend an den Zersetzungen und Vergiftungen ihres hemmungslosen, vorsätzlichen Narkotismus. Die Polizei wachte noch im Krankenhaus an ihrem Bett, paßte auf, daß sie nicht noch im Koma eine letzte chemische innere Wanderung unternahm.

Ihr ganzes Leben hatte sich im Dunkel abgespielt. Um den Scheinwerfer lag der schwarze, verstummte Kreis des Nachtklubs; der Mond glitt langsam durch die Wolken. Die Nacht: arbeiten, lächeln; im Make-up, in langen Seidenkleidern; singen, noch einmal und noch einmal, wieder und wieder. Und das Ziel von all dem ist nur, in den Schlaf zu sinken, wenn die ersten Sonnenstrahlen die theatralischen Augenlider zu bedrohen beginnen.

Der Star, die große Persönlichkeit, in der Nacht gesehen, vermischt sich in der Erinnerung nicht mit deiner eigenen schattenhaften Geschichte. J. – erinnerst du dich an Lena, wie sie den Staubsauger im Hotel herumschob, sie, die immer davon sprach, welches *Blut* sie hatte, portugiesisches, indianisches, afrikanisches? War sie eine oder drei verhängnisvoll dahintreibende Seelen? Da ist sie, wie sie eine Banane in einer kleinen Schüssel zerdrückt und den Brei auf eine Scheibe Brot streicht. An einem Tag kommt sie mit manischer, verschwenderischer Energie daher, und am nächsten Tag plötzliche Zusammenbrüche und Trägheiten. Manchmal, wenn sie einem auf der Straße entgegenkam, schritt sie wie eine Indianerin, langsam und unauffällig. Dann wieder, an einem anderen Tag, erschien sie wild und blühend und in grellen Farben strahlend wie ein Vogel.

In der Hotelhalle müde Musiker, dunkle Brillen, aschfahle Schlaflosigkeit, erdrückende Mäntel; ihre Frauen, blond und müde. Müde Geschöpfe des Saxophons, der Trompete, der Bässe; schwitzende Agenten der Veranstalter in Lauerstellung. Die »Sängerin« mit einem Packen langer Kleider über dem Arm.

Ich kannte sie alle gut, die in den alten möblierten Zimmern um Columbia herum wohnten. Sie sahen aus, als seien sie abgelegt oder übriggeblieben, trübe und besiegte, niedergedrückte Geister in einem eroberten Land. Die Unzufriedenheit der Leute im Hotel Schuyler war von ganz anderer Art. Die meisten waren Versager, doch sie lebten in der Begeisterung unrealistischer Hoffnungen, undurchdachter Pläne. Sie tranken, sie kämpften, sie hurten. Sie ließen Rechnungen stehen, sie logen und sie bekämpften die Verwirrung mit wilden Ausschweifungen. Sie waren nicht arm, sie waren nur immer ein wenig »im Rückstand«. Ungezähmt, ruhelos, unzuverlässig, wankelmütig, treulos. Keine alten Jungfern, sondern Geschiedene, keine Junggesellen, sondern schäbige *bons vivants*, aus dem Familienleben desertiert, geflüchtet vor Unterhaltsverpflichtungen und vor langer Zeit aus dem Gedächtnis getilgten Darlehen. Sie tranken drei Tage und nüchterten drei Tage aus. Leute mit Gewerkschaftsausweis – Akrobaten, Komiker. Schreckliche Vorstellung, sagten sie über das laufende Programm der Radio City Music Hall.

Sag mir, ist es wahr, daß ein schlechter Künstler ebenso leidet wie ein guter? Es gab viele Schausteller im Hotel Schuyler, aber man sah ihnen nicht an, daß sie unter dem Mißerfolg ihrer Kunst litten. Vielleicht hatte die Kunst den Namen geändert und erschien ihnen als etwas anderes – als Anstellung.

Die Trauer über die verlorenen Jahre des Übens und Trainings – das Strecken der Muskeln, das Hornblasen, der Steptanz, der wirbelnde Tango, die Qual der Violine. Es ist zu viel, darüber nachzudenken. Auch für diese Leute war die Schreckensherrschaft der Perfektion real. Sie schienen aus den kleinen Städten der großen Staaten gekommen zu sein, aus New Jersey oder dem nördlichen Ohio. Ihre Gesichter spiegelten die freudlose urbane Oberfläche, die laute Provinzialität der alten Vorstädte an den

Highways. Ihr Leben im Alter konnten sie sich nicht vorstellen. Wann, wohin? Vielleicht, vielleicht wurden zur rechten Zeit aus Liebenden Witwer, irgendwo wird ihnen irgendwer einen kleinen Besitz vermachen, warum nicht? Es ist schon vorgekommen. Alte Wüstlinge und »Modelle« – schließlich waren sie keine Buchhalter, oder Tankwarte oder Gemüsehändler. Sie waren nur Leute, die sich amüsieren, Spaß haben, in lebhafter, lauter Gesellschaft dicke Bäuche und Pausbacken bekommen wollten. Die Nachtportiers, Männer, die ihr ganzes Leben nachts gearbeitet hatten, Nagetiere mit roten Augen und grauen Gesichtern, die den Morgen als die Zeit begrüßten, die Fensterläden herunterzulassen – wie sie die Mieter beneideten, die Glücklichen, denen wir nie im Leben begegnen, ohne zu fragen: wovon leben sie?

Mein Freund, unsere *mariage blanc* – es ging noch ungefähr ein Jahr weiter, dann trennten wir uns. Unser Abschied hatte etwas von einer Scheidung. Überdruß, Streit und Ärger – jeder über sich selbst und den anderen.

J. litt bei seinen Liebesaffären unter Anfällen von Optimismus, einer verderblichen Aufregung, die mir ganz unbekannt war. Ein neuer Reiz, ein Rendezvous weckten in ihm eine üppige, erregte Besitzgier. Auf den ersten Blick stürzte er sich in die Zukunft, mitgerissen von dem Bedürfnis nach Nähe, das ins Unermeßliche wuchs, kaum daß es begonnen hatte. Er gehörte zu denen, die in ein neues Gesicht blicken und sagen: »Jetzt werde ich glücklich sein.«

Und doch dauerte es kaum einen Tag, bis sich ein Schatten, ein Widerstreben einschlich, eine kleine oder große Differenz, eine Unausgeglichenheit. Da er es kannte, da für ihn oft die Ablehnung der Begeisterung und Hoffnung auf dem Fuße folgte, mußte er sich dann sofort zurückziehen. Er wurde spöttisch, höhnisch, spitzfindig, schlagfertig. Wie er litt, eins ums andere Mal aufrechtgehalten nur von der grimmigen Kraft seiner Gewohnheiten, einer verzehrenden Disziplin.

Verwandlungen und Wunder des Willens gingen keineswegs über J.s Kraft. Er sah recht gut aus, aber er war auch weich und rund und so entschlossen, nie Sport zu treiben, als wäre er mit einer Behinderung geboren. Aber eines Tages begann er mit der Neuerschaffung seiner selbst durch einen täglichen furchtbaren Kampf mit Hanteln, Liegestützen und Marterübungen. Und langsam kräftigte sich der Nacken, erweiterte sich der Brustkasten, wurden Armmuskeln sichtbar. Eine erschreckende lebenslange Kraft hatte von ihm Besitz ergriffen; sein Selbst blieb intakt, aber von nun an begleitete ihn ein schreiender, turnender Zwilling, der ihn am Morgen und Abend herausrief und Zeit, Atem, Mühe und Schweiß verlangte. Durch gewaltige Anstrengungen erreichte J. es schließlich, wie andere auszusehen.

Er verließ das Hotel als erster von uns beiden; und in sein Zimmer zog ein Callgirl mit ihrem Zuhälter. Sie hieß Miss Chadwick und kam aus dem Süden. Ich hörte die Neuigkeit mit Verzweiflung. Ein Komplizentum umstrickte uns, und ihr Lächeln schlug auf mich zurück, als schaute ich in einen Spiegel. Sie zeigte mir ein Bild ihres kleinen Sohnes. »Wo ist er?« »Mama zieht ihn auf«, sagte sie. Das war alles. Goodbye.

Goodbye? Ich habe meine Abtreibung ausgelassen, habe nicht erzählt, daß ich vor den blassen, verschreckten Ärzten und ihren fahlen, wütenden Frauen in den schmierigen, verdunkelten Sprechzimmern in der West End Avenue davonlief. »Warum schreien Sie? Ich hab Sie noch nicht einmal angefaßt«, sagte der Doktor. Seine Frau brachte mich zur Tür, die Hand fest und strafend auf meinem Arm, als wäre sie ein Kriminalbeamter, der mich verhaftete. »Kommen Sie nie wieder.«

Ich geriet schließlich an einen heiteren, schwarzen Heilpraktiker, der behauptete, »nie jemanden verloren zu haben«, und der während des ganzen Eingriffs eine Zigarre rauchte. Als es vorbei war, gab er mir seine Karte. Es war eine Anzeige für ein Beerdigungsunternehmen, das ihm auch gehörte. »Können Sie's glauben, Darling?« sagte er.

Das Hotel Schuyler ist verschwunden. Unzuverlässige Aufzüge, staubige »Penthouse-Suiten«, die fettigen, qualmenden Herde der »Küchengemeinschaften«, die schlechtgepolsterten Armsessel – ein wirres Leben nahe dem Harvard Club, der New York Times, dem alten Hotel Astor, dem Algonquin, Brentano's. In den Fluren konnte man zuweilen ein Kind schreien hören – das Kind einer Durchreisenden –, und es war ein Laut aus einer anderen Welt. Die »Langjährigen« waren am bejammernswertesten, wenn sie Besuch von Verwandten bekamen und von ihren Exfrauen, ihren erwachsenen Kindern. Dann gingen sie verzagt umher, als hätten sie einen Unfall gehabt. Bald verließen die enttäuschten Söhne und Töchter sie wieder, die Frauen fuhren nach Hause, und im Schuyler, wieder frei, kehrten unsere Leute zu ihren Ausschweifungen, ihren Rechnungen und jener lebensspendenden Paranoia zurück, die sie wie eine Tätowierung trugen.

Vierter Teil

Dies ist, was ich gestern morgen durch die hohen alten Atelierfenster meiner Wohnung sah: Der helle Morgenhimmel hatte an diesem Tag eine seltene blauweiße flaumige Weichheit, als habe ein Staubsauger in seiner wöchentlichen Runde den Himmel gefegt. Es ist schwer, in der Stadt die Natur für sich zu sehen, und alles, drinnen und draußen, fällt in den Rahmen nie endender Hausarbeit. Jemand hat den Kaffee überkochen lassen; es muß auf dieser Etage sein. Keine Sonne von Norden, nur das beruhigende Licht. Dort an der 68. Straße sehe ich auf eine moderne Kirche, und der Anblick der Rückwand mit warmen roten Ziegeln ist schon eine Art *bella vista.*

Im oberen Stockwerk der Kirche ist am Vormittag Kindergarten für Kinder bis zu fünf Jahren. An die Fensterscheiben sind ausgeschnittene rosa und grüne Bäume geklebt, rote Äpfel und ein blaues Boot mit Schlagseite. Die Kinder waren von dem einen in ein anderes Zimmer gegangen, und in dem leergewordenen Zimmer sah ich plötzlich einen kleinen Jungen an das offene Fenster treten. Auf seinem Gesicht zeichneten sich tiefe Konzentration und Eile ab – der starre, entschlossene, stirnrunzelnde Ausdruck eines viel Älteren.

Zuerst warf er einen kleinen gelben Ball hinaus, einen Ball vom reinsten Gelb, wie ihn die frühen Forsythien haben, die gerade im Central Park zu blühen begannen. Er wandte sich hastig um, und wieder schob er seine kleine Hand vor, und diesmal ließ er eine bunte Schachtel fallen. Er verschwindet eine Sekunde, und dann erscheint die Hand wieder; dieses Mal läßt er ein kleines Buch fallen. Der gelbe Ball, die bunte Schachtel und das Buch sind auf einen breiten Sims gefallen. Der Junge kommt nicht wieder, sein Zerstörungswerk ist beendet. Am Nachmittag fiel Regen auf den Sims, wusch allmählich die Orangefarbe von der Schachtel. Das kleine Buch schlug im Wind und Regen herum, sog sich voll. Nur der Ball änderte sich nicht, er glänzte unverwandelt in seiner Plastikpracht.

Dies ist, was ich am Abend hörte: Auf der Party waren alle intelligent und nett, aber niemand besonders Gutaussehendes war da. Keiner dieser Menschen von Talent hatte ein neues hübsches junges Mädchen mitgebracht, das, weil es neu war und all die Namen nicht kannte, unhöflich und arrogant erschienen wäre und schmerzende Pfeile in das Fleisch der Älteren, die wegen irgend etwas berühmt waren, hätte schießen können. Brillen glitzerten, Akademiker hüstelten ihre Titel und Universitäten heraus wie alte Barone des Empire, und doch verglommen die Ehrenabzeichen bald, und ihre Gesichter fielen wieder in die Resignation zurück, die von zu vielen Vorlesungen herrührt und dem fügsamen, nicht-ganz-interessierten Lächeln der Studenten.
Gastgeber und Gastgeberin waren von hoher Intelligenz und daher abwechselnd besorgt, gelangweilt und erfreut. Ihre Wohnung in den westlichen 80er Straßen war typisch für die City – das Heim eines gescheiten jungen Paares, etwas eingeschränkt, weil der Ehemann Alimente zahlen

muß. Die kleinen Kinder kamen am Wochenende zu Besuch, schliefen im Arbeitszimmer des Mannes oder der Frau – wer von beiden es nun war, der zu Hause arbeitete. Bücher und Platten und Bilder, ein paar alte Möbelstücke, die sehr gepflegt wurden, einige schöne Teppiche und Kissen, große Topfpflanzen im Südfenster. Kupferpfannen, etwas altes Silber, glasierte Kasserollen in dem schmucken Quadrat der Küche.

Eine Frau sagte: »Man kann nicht um Erlaubnis bitten, jemand zu verlassen. Das ist der Fehler, den er gemacht hat.«

»Und wenn die Erlaubnis käm, wär er wütend.«

Ermüdend.

Scheidungen und Trennung – so macht man auf sich aufmerksam. Jeder prüft seinen eigenen Zustand, und einige sagen: »Merkwürdig, sie waren viel glücklicher als wir.«

Es gibt Straßen in den Neunzigern im Osten, wo ziemlich junge Paare auf der Woge des Erfolges Stadthäuser kaufen und sie mit hohem Aufwand renovieren, alte Dielen freilegen, die Freitreppe abbauen lassen, damit sich keine Betrunkenen darauf herumtreiben können, und ein ganzes Stockwerk für die Kinder vorsehen, damit sie ihre Ruhe haben. Das Haus ist ein Mausoleum, auf dem schon die Namen der beiden stehen, es wartet nur noch darauf, daß die Todesdaten hinzugefügt werden. Die Anstrengung und die Kosten treiben das Paar zur Trennung. Die Straßen werden Death Row genannt.*

Zwei vor kurzer Zeit geschiedene Frauen kamen zu mir

* *Death Row* sind die Todeszellen in amerikanischen Zuchthäusern. A. d. Ü.

und fragten mit inquisitorischem und ernstem Stirnrunzeln: »Sind Sie einsam?«
»Nicht immer.«
»Das ist wundervoll«, sagte lächelnd die erste. Und die zweite sagte ernst: »Großartig.«

Wie angenehm die Wohnungen waren, wie tröstlich die Nöte der New Yorker, ihre Schlaflosigkeiten mit Worten ausgefüllt, ihre geduldige Exegese überraschender Schrekken. Scheidung, Verlassenwerden, das Unannehmbare und das Unerreichbare, mit Hektik erfüllte Langeweile, das traurige, tumultuöse mittlere Alter, erschüttert von Abstürzen, Entwurzelungen, Bravourstücken, verzweifelten Erneuerungen. Schwächen werden entdeckt, verborgene Kräfte freigelegt; Voraussagen, was dauern wird und was zum Untergang verdammt ist, was beginnen und was enden wird. Arbeit und Liebe; die Müßiggänger, die sich die Freuden der Arbeitenden ausmalen. Das fragende Stirnrunzeln der Arbeitenden, das sagt: Wann wird etwas Neues auf mich zukommen? Schließlich bin ich nicht ganz erfolglos.

Man redete über die Armut. Armut ist dieses Jahr ein großes Thema, sagte jemand. Unterhaltung über einen Trip nach Mexiko, ein Freisemester, über einen sehr Kranken, einen Roman, den manche lieben und andere hassen, über jemanden, der eine Menge trank, über Leute, die in mittleren Jahren zu malen anfangen (meist verschmähte Ehefrauen), über New York und New Haven, über die schnellste Kreatur der Welt, die Küchenschabe.
Ich begann ein Gespräch mit einer gutaussehenden Frau Anfang vierzig. Sie heißt Judith und ist sehr dünn, mit

kurzem braunen Haar, sehr dicht und lockig und im afrikanischen Stil getragen, der – zumindest weißen Gesichtern – ein Aussehen von geradezu beunruhigender Heiterkeit und Gesundheit verleiht.
Judith ist keine glückliche Frau. Aber sie hat, bei all ihren Mißgriffen, eine gewisse glückliche Ausstrahlung, eine gewisse ästhetische Angemessenheit und Ordnung in ihren Klageliedern. Sie ist eine Kunstkennerin mit strahlend weißem Lächeln, die Zähne vielleicht eine Spur zu groß für Traurigkeit, und schönen Augen, die genau zu ihr passen, Augen, die schimmern, als wollten sie zu weinen beginnen.
Sie hatte ihren Doktor gemacht, ein sehr angenehmer und überraschender Nachweis, denn ihr Leben drehte sich ganz um Liebe und Desillusion, als wäre sie eher eine Kurtisane als eine Gelehrte. Sie trug eine schwarze Seidenhose und eine geblümte Chiffonbluse. Hinter ihrem Lächeln seufzte sie mit der Resignation der Erfahrung, der Ergebenheit des Harems. Alle ihre Neuigkeiten waren schlecht, und so wimmelte es in ihrer Rede von »selbstverständlich« und »natürlich«.
»Ja, ich habe jemanden, aber er lebt natürlich in Kalifornien. Selbstverständlich kann man das nicht unbedingt *haben* nennen.«
Unvermittelt begann sie, von ihrem Sohn zu sprechen. »Ein Chaos. Willst du's wirklich hören? Wo er jetzt ist? Er ist fort, hat sich im Krankenhaus abgemeldet und wollte auch nicht zu Hause bleiben. Er ist einundzwanzig. Ich hab früh geheiratet, natürlich, natürlich.« – »Der Vater – was für ein Vater? – Ich glaub, er ist in Florida. Nein, er ist nicht im Bilde – natürlich nicht. Kein Geld. Ich hab den

Jungen allein großgezogen. Mein Vater hat sehr geholfen. Sowas kostet ein Vermögen. Es ist unglaublich.«
»Jetzt? Der Junge sitzt nur rum, wohnt zur Zeit bei einem Ehepaar, beide Psychiater, es soll eine Therapie sein. Mich hassen sie natürlich. Als er vor ein paar Monaten bei mir war – ein Alptraum.«
»Ich ruf an. Sehr oft ruf ich ihn an, aber er spricht nicht mit mir. Ich wollte, daß er diese gute Stellung in Connecticut annimmt. Er ging hin und marschierte gleich wieder raus. ... Ja, meist deprimiert, aber dann braust er auch schon mal auf und benimmt sich wie ein Wilder.«
Sie raucht, trinkt ein Glas Wein, ißt ein Stückchen Käse. »Drogen? Was für 'ne Frage! Selbstverständlich. Hauptsächlich Amphetamine. Er sieht schrecklich aus, sehr dünn, ein Skelett ... Fast stumm, außer wenn er high ist, und dann lacht er viel. Seine Haut ist katastrophal, sehr blaß, fast grün ... Nein, nein, hübsch wie ein kleiner Junge. Auch nicht dumm, natürlich nicht.«
Sie senkt die Augen. »Die Probleme mit dem Jungen werden nie ein Ende nehmen, niemals.«
Judith verstummte in Betrachtung der Zehn Plagen. Ist sie Ägypterin oder Israelitin? Ist sie Überbringer oder Träger der Plagen? Wie war es mit den Liebenden im Zimmer neben dem Kinderbett? Sieht er seinem Vater allzu ähnlich? Möchte sie wieder zwanzig sein? Wie das Gift von einem zum anderen weitergegeben wird, ist nicht klar, aber Judith hat mehr als ihren gerechten Anteil davon abbekommen.
Schon jetzt, zu Beginn des Frühlings, ist sie braun, ein Hauch von Bräune auf ihrer Haut. Sie würde gern etwas Besseres machen, irgendwas Sakrales vielleicht, aber ihr

bleibt nur, einsam aufs Dach zu klettern, um ihr bleiches Gesicht der Sonne zuzuwenden.

Dann gerät sie plötzlich in Panik. »Welcher Tag ist heute? Gott, Donnerstag. Ich ruf meinen Sohn immer Donnerstag abends an. Das Psychoweib meldet sich, und man könnte denken, ich will 'ne Rechnung eintreiben oder wär ein obszöner Anrufer. Dann kommt das Seelenklempnermännchen: Wollten Sie etwas? Dann kommt der Junge und sagt nichts. Schließlich sagt er: Sicher, hier ist's okay.«

Sie sucht ihr Portemonnaie. »Donnerstag abend. Sie wollen, daß ich's vergesse, natürlich. Alle drei. Aber ich darf's nicht vergessen. Dann würden sie mir vorwerfen, daß ich's vergessen hab.« Sie legt einen schwarzen Schal um ihr Haremskostüm und stürzt davon. An der Tür zeigt sie noch einmal ihr kleines unschlüssiges Unglückslächeln. Wie hübsch sie ist mit ihrem wolligen Kopf, den großen Zähnen und der Diamantbrosche der Universität, an der sie ihren Doktor gemacht hat. Männer haben sie mißhandelt, eine milde Mißhandlung, wie man von einem milden Fall von, sagen wir, Bronchitis spricht. Sie fordert es mit ihrer reizenden Haremsunzufriedenheit heraus, mit ihren Schleiern des Unglücks, durch die ihre Augen in einer seltsamen, ironischen Hoffnung funkeln. Gute Nacht, Judith. Trink was, ehe du telefonierst.

Eine Stadt der Frauen, New York. Die Bag Ladies* sitzen in ihren Lumpen und drücken ihren Abfall so fest an sich, daß er zu einem Teil ihres Körpers wird. Der Kopf, in ein

* Obdachlose Frauen, die ihren ganzen Besitz in Plastiktüten (*bags*) mit sich herumtragen. A. d. Ü.

Stück altes Flanell gewickelt, schaut über den Rest einer gefleckten alten Melonenscheibe. Erbarmenswerte geschwollene Wunden triefen rot neben der Tüte mit Tomaten. Eine Frau hält eine leere Parfümflasche, deren Verschluß von ihren Fingern nicht zu unterscheiden ist. Sie und ihr Abfall sind ein parasitäres Gewächs, niedergedrückt vom Leiden; das zerbrochene Glas kreischt, die gebrochenen Adern weinen; die Zehen schmerzen mit dem Weh des aufgerissenen Stiefels.
Hab Mitleid mit ihnen! Einer, irgendeiner muß sich doch ihrer erbarmen! Und Erbarmen mit Miss Cramer, meiner alten Nachbarin, die jetzt in eine noch kleinere Wohnung um die Ecke gezogen ist, unten in die Nähe eines verlassenen Polizeireviers, inmitten der Verdammnis sich leerender roter Ziegelhäuser, die auf den Henker warten.

Montag im Winter. Was ist aus Ihnen geworden, Miss Cramer? Es ist Dezember, und Weihnachten naht. Im Fenster der dampfenden chinesischen Wäscherei steht ein Rentier; eine Girlande aus Pfefferminzpapier hängt im Fenster der grimmigen Prostituierten, und ein Lichterbaum steht seit dem Erntedankfest im Eisenwarengeschäft.
Was ist aus der hochfahrenden Klavierlehrerin geworden, dem gescheiterten Mezzosopran, die ihre Schüler mit klangvollen schwarzen Blicken zu empfangen pflegte und sie dabei abschätzte, als seien sie ein leicht beschädigter Restposten, der zusammengeflickt werden muß, wenn er noch zu gebrauchen sein soll?
Miss Cramer im Winter in einem gemusterten Seidenkleid, da und dort trägt es die Schmutzspuren eines für sie neuen Verfalls. Sie trägt zerrissene Turnschuhe und keine

Strümpfe an ihren wunden, verfärbten Beinen, nichts, was die armen grindigen und schmutzverkrusteten Fußknöchel schützen könnte. Und neuerdings hat sie ein unerträglicher Verlust getroffen: Ihre beiden schwarzen Pudel sind verschwunden. Kräftige, prachtvolle Tiere, von perfekter Rasse wie sie selber, gewöhnt an ein Dutzend Küsse auf ihre kalten schwarzen Schnauzen jeden Morgen.

Als wir zuerst in die 67. Straße zogen, beglückwünschte ich sie zu ihrem erstaunlichen Auto und stellte mir vor, daß ihr beim Fahren ihr angemessener englischer Akzent eine Hilfe war. In den ersten Frühsommertagen wurde der Wagen zur Ferienfahrt in die Catskills aus der Wintergarage geholt. »Komm und sieh dir Miss Cramer in ihrem Wagen an«, sagte ich dann zu meinem Mann.

Und da war sie denn auch mit ihrem männlich wirkenden Filzhut, das Dach des fünfundzwanzig Jahre alten Wunders heruntergeklappt und sie selbst eindrucksvoll wie die glänzende schwarze Kühlerhaube mit der fuchsartigen Nase aus Silber; sie saß auf dem hellbraun glänzenden Ledersitz. Sie fuhr zum Broadway hinunter, wirbelte geschickt mit den Händen und gab mit nach rechts und links ausgestreckten Armen heute geheimnisvoll gewordene Zeichen, überschüttet von der Bewunderung der Passanten für den wundervollen Zustand ihres Wagens. Für den Sommer kehrt sie der großartigen Zwei-Etagen-Wohnung den Rücken und läßt ohne Bedauern die krächzenden, unsicheren Stimmen zurück, die sich in »Dové sono«, »Un bel di« und »The Last Rose of Summer« versuchen.

Damals hatte sie ihre betagte Mutter bei sich, eine Tyrannin an primitivem Snobismus, die, als sie älter und älter wurde, auf die Kümmernisse weit zurückliegender Räubereien zurückkam: diebische Putzfrauen, heimtückische Verwandte. Die Mutter war wie die alte Frau, die Herzen in seinen Memoiren erwähnt: die, die Napoleon den vorzeitigen Tod ihrer Lieblingskuh Anno 1812 nicht verzeihen konnte.

Am Weihnachtsabend trägt Miss Cramer dasselbe gemusterte Seidenkleid und einen kurzen Strickpullover. Sie ist fast barfuß in den Turnschuhresten. Für die Autokratin kam die Armut wie ein Bulldozer, der ihre Prätentionen zerstampfte, ihre Musik, ihre Reisen nach Bayreuth. Die Mutter starb, die Sommer schwanden dahin, die Stimmen verstummten. Der Flügel verließ die Wohnung und das Gerümpel von zweieinhalb Jahrzehnten, prachtvolles amerikanisches, englisches und europäisches Gerümpel. Miss Cramer zog ein Stück die Straße hinunter, und dieser Umzug war eine Fahrt auf einer niederschießenden Achterbahn, mit fliegenden Haaren, abgerissenen Ohr- und Fingerringen, mit klopfendem Herzen und der Kopf erfüllt von einem seltsamen Windstoß, der nie mehr herauskonnte und hinter der Stirn zu wehen und die dunklen Wimpern zu kräuseln schien.
»Wie geht es Ihnen, Miss Cramer?«
»Sehr gut, danke«, antwortet sie, ohne zu lächeln, aber noch im Besitz ihrer vollen, kehligen Stimme.
Heute bleibt sie am Ende des Häuserblocks stehen, wo Lastwagen und Autos und Taxis vorbeifluten und mit ihren Hupen wüten. Sie nähert sich einem erschreckenden Wrack von großer Individualität, einer schwarzen Frau, die in der Gegend hin und her wandert und sich auf der Straße mit zielbewußter Schnelligkeit bewegt. Niemand

hat je ihren Mund gesehen, denn der ganze untere Teil des Gesichts ist stets mit einer Art Turban aus wollenem Tuch verbunden. Furcht vor Bazillen, eine Entstellung oder ein Symbol des Schweigens? Sie hat drei große Abfalltüten, dicker als sie selber, die sie ohne Mühe trägt. Ihr dunkler Schleierblick ist stark und unbewegt wie ein Felsen. Sie steigt ohne Fahrschein in den Bus, und manchmal ist ihr Haremsblick so schwarz, daß der Fahrer erschrickt und sie achselzuckend passieren läßt.

Sie und Miss Cramer treffen sich plötzlich an der Ecke, und beide bleiben einen Augenblick stehen. Der Wind ist so stark, daß eine Bierflasche in den Rinnstein rollt. Sie sind beide furchtlos und schauen sich verbittert an mit ihrer schrecklichen jungfräulichen Unverletzlichkeit, ihrer wunden Reinheit. Diese da sind keine Patienten oder Fälle, sie füllen keine Formulare aus und warten nicht auf die Post. Sie sind Gladiatoren, Geschöpfe der Schützengräben, gewöhnt an die nächtlichen Straßen, an rauhes Wetter, schmerzende Pflastersteine und juckenden Schmutz. Wahnsinnige Kraft, entsetzliche Ausdauer, Feindseligkeit, Albträume begegneten sich da ein paar Sekunden lang an der Ecke, aber mir schien es kein Zeichen gegenseitigen Erkennens zu geben. Die zwei Frauen wissen nicht, wie sie aussehen, sehen ihr Leben nicht, und so wandern sie umher in ihrer furchtbaren Freiheit wie alte Ochsen, die man ganz und gar unversorgt zurückgelassen hat.

Fünfter Teil

Liebste M.: Neulich habe ich Alex A. auf der Straße gesehen. Er ist immer noch ein schöner Mann. Vermutlich ist das bei ihm das erste, woran man denkt – das und der schwankende Schatten, der Schatten seiner Selbstvorwürfe. Er mag sich selber nicht sehr, er, den alle anbeten. Er trug einen sehr gut aussehenden Regenmantel, und so hat sich seine »Erscheinung« nicht sehr verändert. Das ist schon etwas, nicht wahr? Aber was ist seine Absicht? Ich meine die Absicht seines Lebens.

Das war vor einem Jahr. Und nun haben wir dieses Jahr. Es ist Cocktail-Zeit. Die Stunde, für die ganz New York arbeitet, lügt, sich übt, beeilt, anzieht.
New York – das ist keine Stadt für arme Leute. Ihre Anwesenheit ruiniert alles, alles. Grauen – das ist die giftige Luft um sie herum. Die Reichen in ihren Pyramiden genießen das Leben. Alle Objekte der Ewigkeit sind in Reichweite, damit sie nicht im Lauf der Jahre etwas entbehren, woran sie sich erinnern oder was sie vergessen haben. Ein gebrochenes Herz. Die Pharaonen brauchen nicht einmal vor die Tür zu gehen, um in ihrem Schmerz umherzulaufen, Schaufenster anzusehen und etwas zu kaufen. Nein, sie dürfen zu Hause sitzen, wenn sie deprimiert sind; ein Stück Pelz wärmt ihre Knie, und es wird bald besser. Jeder träumt von einem Diener, wenn das Ich verletzt, die Eitelkeit gekränkt ist.

Zu Alex sagte ich am Telefon: »Du kannst dir nicht vorstellen, wie gut ich es mir eingerichtet habe, wie sorgenfrei ich scheine, obwohl ich arm bin.«

Es ist fast sieben. Sollte Alex als Typ, als Gattungsbegriff in die Tür treten? Vielleicht ist das eine vergebliche Anstrengung. Was gewünscht wird, ist Geschichte, der Mann im Regenmantel, der die Schulterklappen seiner Ideen trägt, die Knöpfe seines Zeitalters. Manche Männer definieren sich durch Frauen, obwohl sie zu glauben scheinen, daß es sich umgekehrt verhält, daß es die Frau ist, mehr als der Mann, die festgelegt wird, etikettiert und schließlich wie eine zitternde Zelle unter dem Mikroskop einen Namen verpaßt bekommt.

Damals, als ich zum ersten Mal nach New York kam, beobachtete ich, daß zahlreiche Intellektuelle, Radikale, es verstanden, reiche Frauen zu finden, von denen sie in der tapferen und gefahrvollen Weise Desdemonas geliebt wurden. Ein Schriftsteller, Maler oder *philosophe* segelt in den Hafen, und eine wohlhabende Frau ruft aus: *Eviva Otello!* Die Frauen sprühten nicht unbedingt vor Leichtsinn. Häufiger trugen sie eine eindrucksvolle, dicke, direkte Willenskraft – wie einen Mantel.
Vielleicht führte eine Art perverse Selbstzufriedenheit diese glücklichen Frauen dazu, einen klugen, mürrischen Mann zu retten, einen, dessen Ambitionen und Gaben alles andere als gefestigt waren, dessen Intelligenz außer Zweifel stand, aber dessen Schicksal ein verschlungenes, warnendes Fragezeichen war. Begabungen, die traurig machten und Grenzen setzten, Bücher, die gelesen, Ideen, die

angehäuft waren – alles intakt und doch von einem schwachen Willen böse zugerichtet.

Der Neid ist nicht das Laster des erstarrten Intellektuellen. Wie kann er sich des Verstandes bemächtigen, wenn die Langeweile schon vorher da ist, immer der Zeit voraus, stets bereit? Langeweile angesichts der Erfolge jener, die immer dabei sind zu arbeiten und zu produzieren, zu versagen oder Geld und Ruhm anzuhäufen; Langeweile über die gewöhnlichen Gedanken, in sorgfältig ausgewählter Drucktype zur Schau gestellt, für die Ewigkeit gebunden, mit Registern, Kapitelüberschriften – gewöhnliche Gedanken, in die gleichen Mäntel und Hüte gekleidet wie Spinozas Sämtliche Werke.

Zeit – das ist etwas anderes. Dem unschlüssigen Intellektuellen vergehen Jahre wie ein Tag; das Leben wird durch die vergilbenden Unvollendeten verkürzt. Das »Buch« – ein quälender Auswuchs, der nicht aus sich selbst wächst, sondern sich an einen hängt, ein tumorartiger Begleiter, gebildet aus den verwilderten Zellen des Lernens, der Erfahrung, des Denkens.

Manchmal glichen die vermögenden Frauen mit ihren Denkern und Künstlern Ehefrauen, die eine beflissene Leidenschaft für die Sowjetunion hegten, diese ungeheure Landmasse, die vor langer Zeit in ihnen die Blutstreue und Zärtlichkeit erweckt hatte, die man für das erste Kind empfindet. Und was machen bei einem Kind »ein paar Fehler« aus?

Das Pathos der hohen Ziele, von denen man nicht lassen kann, weil man schon soviel in sie investiert hat; die »gu-

ten Seiten«, die Forschung, die Papiere, die alten Entwürfe. Sie spielen gut Tennis, man sieht sie in der Oper, beim Ballett – diese geheimnisvollen Invaliden haben ihren Charme. Sie wissen einiges sehr gut, vielleicht zu gut.
Am Abend mag Wein den toten Doktor der Philosophie wieder zum Leben erwecken, und in der Wärme scheint der unkrauterstickte Garten des Ehrgeizes und der Liebe erneut aufzublühen und dornige, tapfere kleine Blüten zu treiben, wie die eines vernachlässigten alten Rosenstrauchs. Es ist wie das Lied im Gesangbuch, eine der vielen Tröstungen in B-Dur:

Die Sonne sinkt in ihrem Lauf,
es stirbt das Tageslicht;
weck die Liebe in dir auf,
bring ihr dein Opfer am Abend.

Und doch kann die unaufhörliche, hartnäckige Hoffnung das Dinner nicht überdauern. Dies ist New York, mit seinen Gräbern gleich neben den Banken.

Es ist Freitag abend, Oktober 1973. Smog und stickige Luft den ganzen langen Nachmittag. Im New Yorker Jüdischen Blindenverein hat sich der Einbruchsalarm täuschen lassen, und seine bösartige Sirene verbreitet ihren gewalttätigen Lärm. Weiter und weiter heulte sie, als ob tausend Krankenwagen durch die Stadt rasten und schreiend und kreischend vor ihrer Rettungsmission warnten. Der Alarm tönte gnadenlos eine Stunde lang. Man begann, sich die Blinden vorzustellen mit ihrer blassen Haut, ihren weichen blaugewölkten Augen, die in den Korridoren zit-

terten. Tausend kleine weiße Stöcke, in Panik klopfend, Hunde, die in ihren Geschirren knurrten.
Ich habe meine Pflanzen von ihren südlichen Küchenfenstern ins Wohnzimmer gebracht, wo sie in Töpfen überwintern sollen. Die unverrückbare Schefflera in ihrem schweren Kübel steht in ihrer Ecke wie eine Katze, die niemals hinauskommt und Jahr um Jahr, das ganze Leben, in ein paar Zimmern verbringt. (»Die Pflanze kann einige Zeit über auch wenig Licht vertragen – am Nord- oder Ostfenster oder sogar im Innern des Zimmers.«) Das trauernde Grün in der Stadt schimmert in der Dunkelheit und überlebt mit einem starken Anpassungswillen. Da sind sie, die Pflanzen, überall, entschlossen, hoffnungsvoll wie die kühlen Abende in der Wüste.

Ich bin allein hier in New York, nicht länger ein *Wir*. Jahre, sogar Jahrzehnte sind vergangen. Dann ist man heraus aus dem gewöhnlichsten aller Plurale, heraus aus der seltsamen Partnerschaft, die als flache, leere Ebene beginnt und sich bald in eine Stadt von Zimmern und Garagen verwandelt, von kleinen Lebensmittelläden in der Speisekammer, Textilgeschäften in den Schränken und einer Bank, auf deren Papier unsere Namen nebeneinandergedruckt sind für das Geschäftliche.

Ich denke oft über Junggesellen nach. Ein Leben der reinen Entscheidung, der nachdenklichen Kalkulation, in dem jeder Neigung entsprochen wird. Sie gehen ihren Weg allein, einzeln, stets begleitet von der Möglichkeit. Denn kann nicht jeder Mann, jung oder alt, reich oder arm, um ein paar Ecken gehen und mit der Ehe zusammenstoßen?

Alex kommt auf einen Drink; er war nie verheiratet, aber ob er ein echter Junggeselle ist oder nicht, das ist eine andere Frage. Henry James, ledig und bekannt dafür, daß er mit leidenschaftlicher Regelmäßigkeit zum Essen ausging, traf seine Entscheidung in jungen Jahren und war dadurch frei, gesellige Abende zu verbringen und sich vor den Irrtümern der Ambivalenten und Unzufriedenen zu bewahren, die immer ausgehen und sich ewig fragen, was sie davon haben. Allein zu sein und beschäftigt – daran ist nichts Schlechtes. Solche Leute tun viel Gutes.
Der adrette, konservative Junggeselle beschwört ein Bild von geschmackvoller Kleidung herauf, von Schuhen auf hölzernen Spannern, von Mahagonischreibtischen mit Lederunterlagen und einer antiken Schreibgarnitur aus Messing, von Gläsern und Flaschen und Eiskübeln, aufeinander abgestimmten Vorhängen und Kissen, die von Dekorateuren oder Freundinnen ausgewählt wurden, und von einem gestreiften Sofa. Die Plattensammlung säuberlich abgestaubt, alphabetisch geordnet; eine abgestandene, aber beruhigende Symmetrie – und bestimmte Dinge, die fehlen, wie dem Badezimmer eines Blinden die Spiegel.

Beethoven war nicht verheiratet, auch Flaubert nicht. Voltaire überlebte seine Geliebte um dreißig Jahre, so lange wie Dr. Johnson seine Elizabeth. Beide führten ihr Leben gesellig, aber ehelos zu Ende. Geruhsamer als der unersättliche Goethe mit Ulrike, Marianne, Christiane, Charlotte, Gretchen, Käthchen, Friederike, Lotte, Lili, Maximiliane, Bettina und Minchen.

Letzte Woche. Ein junger Mann fand plötzlich, daß ihm seine eigene Mutter zum Geschenk gemacht worden war. Er schrie auf vor Wut und sagte: »Meine Mutter ist vollständig zusammengebrochen, buchstäblich. Hören Sie, können Sie sich vorstellen, was das bedeutet? Haben Sie jemals das Geräusch eines fallenden Körpers gehört, eines Körpers, der auf Sie fällt?« Er verfluchte mit flammenden Augen seinen Vater, weil er gestorben war – oben im Staat New York auf dem Land. Die Erklärung der Geschichte: Die Eltern stritten sich unablässig, sie waren von Anfang an nicht miteinander ausgekommen. Die Mutter hatte es gehaßt, den Vater zu betreuen, das halbe Betreuen eines Halbkranken. Ihr Gesicht trug jahrelang einen berechnenden, planenden Zug: das Gesicht dachte an Reisen, allein, wenn der Mann weg war, an Lebensversicherungspolicen, an eine interessante, lohnende Hinterlassenschaft. »Eine reiche Witwe weint mit dem einen Auge und lacht mit dem anderen.«
Der Tod aber kam als Farce. Im Nu proklamierte sie sich zur gebrochenen Partnerin in einer glanzvollen Ehe, die erstarrte, fordernde Überlebende einer warmen Vergangenheit. Der junge Mann mit dem blonden Haar und den wütenden Augen wurde plötzlich zum niedergeschlagenen, unwilligen Pfleger der verbliebenen Hälfte einer geheiligten Verbindung. Er knirschte mit den Zähnen, als er den Leichenwagen der Liebe herannahen hörte.

Eine Menge Junggesellen sind schwul, und viele erheben den Anspruch auf eine unechte Bisexualität, die sich auf nur sehr wenige Fälle stützen kann ... Alex ist nicht »schwul«. Er ist träge und besorgt, liebt reiche Leute und gescheite Leute aller Art. Ein Snob, ein Dandy und ein Marxist. Was ist daran auszusetzen, daß er mehr das ist, wozu er *vielleicht* Talent hat, als die Summe dessen, was er geschaffen hat? Man bedenke sein Leid, so ähnlich dem Leiden des Schaffens selbst. Vergeßt nicht, wie schrecklich es ist, in der Jugend vom Flügel der Muse gestreift worden zu sein, dieser Fluch, lebenslang.

Ein paar Fakten. Alex arbeitete im Museum of Modern Art, schrieb Buchbesprechungen in seinen zwanziger Jahren, Besprechungen, in denen die vielen Negative auffielen. Sein Lebenswerk sollte ein Buch über demokratische Architektur sein. Er kam von irgendwo, von Akron, und er wußte, was es für Hart Crane bedeutet hatte, Briefe nach Hause zu schreiben, nach Ohio, Cleveland und Chagrin Falls. Für Alex war die Fremde die Universität von Michigan und hier und da für kurze Zeit Harvard und Columbia.

Ohne Verbindungen, ohne Information. Wovon lebt er? Er lebt von der Nachahmung, der Nachahmung des Lebensstils, den er praktizieren würde, wenn er mehr Geld hätte.

Talent und Stil können die Ungroßzügigen nervös machen; und es werden mehr Leute dafür verachtet, daß sie aufsteigen wollen, als dafür, daß sie von einer Erbschaft leben. Alex schien seiner Zeit in einem voraus zu sein: in einer komplizierten und unschlüssigen Einstellung zur Ehe. Aber er war kein Pedant, und dadurch war es ihm möglich, den Junggesellen-Status zu vereinen mit langen schwierigen, einengenden Perioden, in denen er *mehr oder weniger* mit einer Frau zusammenlebte, einer von den Frauen, die immer jene Besitzrechte geltend machen, welche die Versuchung der Ehe sind. Was er in der Schwebe hielt, was sein legales Junggesellentum ausmachte, war sein Gral, seine nie ganz aufgegebene, halbherzige Vision der Selbstverwirklichung.

Ein guter Teil von Alexanders Leben war Frauen gewidmet gewesen. Viel seiner Zeit hatte er in seine Liebesgeschichten gesteckt. Heute abend, es ist Oktober, treffen wir uns zum zweiten Mal nach einer Reihe von Jahren. Beim letzten Mal, vor einem Monat, hat er mir erzählt, daß er eine lange Zeit jede Nacht geliebt habe. Er seufzte, als er sich seiner Disziplin und Stärke erinnerte.

Ich sagte: »Also, ich hab gestern in der *Times* von einem alten Ehepaar in den Siebzigern gelesen, die es jeden Abend machen. Sie sagten, sie schämten sich, es dem Mann vom Sozialamt zu gestehen.«

Er sagte heftig: »Ich hasse alte Ehepaare.«

Ich hatte Alex vor vielen Jahren kennengelernt, als ich zum ersten Mal nach New York gekommen war. Er sah sehr gut aus, war von Natur ein bißchen depressiv, aber sehr darum besorgt zu gefallen, und in dieser Liebenswürdigkeit irgendwie unpersönlich. Darum war er zu mehr Sex verdammt, als er eigentlich wollte. Sein gutes Aussehen trug natürlich dazu bei, daß er zum Genuß verurteilt war. Braune schmeichelnde, unehrliche Augen; dunkles, früh graumeliertes Haar, tiefe glückbringende Grübchen in einem großflächigen, knochigen Gesicht; Schatten von Masochismus und Trägheit. Sein Nachname ist Anderson – norwegisch vielleicht, Vorfahren mit kantigen Gesichtern, wortkarg, geduldig, bäuerlich, ganz anders als er.

Zurück auf das »vor vielen Jahren«. Auf mich selber, an Winterabenden in einem dünnen roten Mantel, frierend, und dann eine kleine Lampe und ein Glas Whisky am Bett. Und das Telefon klingelt, immer mahnend, als wäre es Vater und Mutter mit ihrem gekränkten, strafenden Geschrei. Wie ein Dieb gehst du zu Verabredungen mit irgendwem, der einer anderen gehört oder zumindest nicht dir, schleichst in die Dunkelheit, tappst herum, seufzst kritisch. Du trittst ein wie ein Dieb, aber du gehst als Bestohlene, und wenn du verlassen wirst, denkst du daran, daß du nach deiner unechten Diamantnadel in ihrer alten Schachtel sehen, den Likörschrank prüfen, das Fenster öffnen und von dem Fliehenden die Rückgabe deines neuen Radios fordern mußt.

Ich habe mit Alex dreimal geschlafen und erinnere mich an jedes Mal genau. Alle drei Male war er angenehm einschüchternd, und zwar auf dreierlei Weise. 1. Die gemurmelten Dialogfetzen, aus der Luft gegriffen, grammatische Verkrustungen, dahinwehende Satzteile, Ellipsen. *Ist nicht so 'n Abend das Beste überhaupt?* Oder: *Gewöhnlich mach ich* ... Und weiter und weiter im Flüsterton: *Besser als* und *Frauen, die* und *ich hab mal* – kleine, dunkle, flüchtige Vergleiche. 2. Ein Anfall seelischer Unzufriedenheit und ernster Askese, düsterer Anfechtung. 3. Reue, Freundlichkeit, wohltuende gute Laune, Entschuldigungen, daß es so spät geworden. *Wo ist dein rotes Mäntelchen? Kann ich dich zu einem Taxi bringen?* Oder: *Du wirst mich nicht wiedersehen wollen ... zu spät ... zu früh ... keine Zigaretten mehr da.*

Ich war geehrt, wenn er mir gestattete, mit ihm ins Bett zu gehen, und entehrt, als ich spürte, daß meine phantasiereichen, eifrigen, erschöpfenden Bemühungen nicht das waren, was er wollte. Sein gutes Aussehen machte mich ängstlich; sein Snobismus war bis ins Detail getrieben und voller Spitzfindigkeiten, wie der von Leuten, die in Provinzhauptstädten oder der von Ausländern, die in Florenz oder Kairo leben. Das Schlimmste waren meine zwiespältigen Gefühle über das, was ich für die Unglaubwürdigkeit seines Marxismus hielt. Insgeheim glich ich einem Wiesel, hungrig, mit leuchtenden Augen auf der Jagd nach unschuldigen Widersprüchen, begierig, mich in den Widerspruch zwischen Theorie und Praxis zu verbeißen. Das war es, was ich von daheim in Kentucky nach New York mitgebracht hatte, diese große Gabe der Polemik, gespeichert hinter hellem, schlaffem, südlichem Haar und nicht ganz blauen Augen.

In jenen Jahren war es mir egal, ob Sex Freude machte oder nicht, ich wollte ihn nur haben. Das war es, was mir der Anblick von Alex auf der Fifth Avenue ins Gedächtnis zurückrief – eine Jugend der faszinierten, aber leidenschaftslosen Paarung. Da sind sie, Gestalten, farblos und verschwommen, junge Männer und nicht so junge, die Netten mit Autos, die Langweiligen voller Geiz und Mißtrauen. Tausend Fragen habe ich vielen niedergedrückten Seelen gestellt, aber gelernt habe ich nicht viel dabei. Sie erzählen einem Lebensläufe, die nur interessant sind, weil sie Zusammenhang haben. So viele sind Kinder, die vom Tage ihrer Geburt an aufwachsen, um ihre Eltern zu werden. Man sehe sich das Wahlverhalten an – geerbt wie Plattfüße.

Casanova: »Die größte Lustbarkeit für meine Sinne, größer als all mein eigener Genuß, war die Freude, einer Frau Genuß zu bereiten.«

Es gibt Gründe, die Wahrheit dieses Satzes zu bezweifeln. Trotzdem: Umkehrungen und Seltsamkeiten befallen jene, die allzu stolz auf ihr erotisches Leben sind. Selbst das Opfer kann ein neuer Genuß sein. Alex' Eitelkeit war wie die des zweifelhaften Casanova im verfälschenden Augenblick der Niederschrift in dem Glauben gefangen, daß er eine besondere Kraft habe, oder vielleicht eine besondere Pflicht, Frauen zu befriedigen. Daß er mehr Charme hatte als Geld, spielte dabei eine Rolle. So war die Liebe eine Tretmühle wie der Kirchgang, vom Respekt vor der Gemeinde am Leben gehalten. Viele haben diese evangelische Sicht des Liebesakts: Da habt ihr's! Ich hab's heute einmal gemacht und vorgestern zweimal!
Orgasmen, die zwanzig Jahre zurückliegen, hinterlassen keine Erinnerung. Es ist besser, gut auszusehen und, wie Alex, das Bild eines schmalen ägyptischen Gesichtes und eines flachen Schädels zu hinterlassen und Gespräche über die Unfähigkeit der herrschenden Klasse, Phantasie zu entwickeln, Erfahrungen zu machen.

Ich warte; er hat sich verspätet. Veränderungen, Lükken – die Verlegenheiten der Lebenslinie. Die wichtigen Frauen in Alex' Leben waren nicht die gutaussehenden. Er liebte den Yankee-Typ, aggressiv schlicht, vorsichtig, eigensinnig, in den Vater verliebt – die Art Frauen, die nicht zuviel von ihrem Kapital ausgeben und, selbstverständlich, Prinzipien haben. Wenige Frauen besitzen eige-

nes Geld; infolgedessen verliebte er sich nur selten wirklich.
Für diese letzte Frau, Sarah, waren Alex und sein Buch über Architektur eine heilige Verpflichtung. Und wie muß er sich gewunden haben unter der wachsamen Fürsorge, dem schäbigen Interesse an diesem Kapital, dem Festhalten an seiner literarischen Investition, als wäre sie ein kleines Stück unbebautes Land, Familienbesitz sozusagen.

Etwas Schreckliches war ihm zugestoßen. Ich spürte es, als er hereinkam. Ja, es war, als kehrte er von einer bitteren Niederlage hoch im Norden zurück. Schnee war auf ihn gefallen; das Eis hatte ihn eingeschlossen. Egal, romantischer Stil, eine Art Athletentum, sackt nicht über Nacht in sich zusammen, und so brachte er ein sorgfältig ausgesuchtes Geschenk für sich und für mich mit. Schlicht, nicht teuer, schmeichelhaft. Ein Paperback: *Chapters of Erie* von Charles Francis und Henry Adams.
Ein Papierstreifen markierte eine Seite von Henry Adams über die New Yorker Goldverschwörung; und er las vor: »Eine der ersten Handlungen der neuen Machthaber war genau eine solche, wie sie Balzac und Dumas hätten voraussagen können und an der sie ihre Freude gehabt hätten. Sie ließen sich in einem Palast nieder ... einem riesigen Bau aus weißem Marmor, einem Schloß in Europa nicht unähnlich, etwa zwei Meilen vom Geschäftsviertel entfernt; es enthielt ein großes Theater oder Opernhaus ...«

Noch so ein Lehrer von Frauen. »Sie haben Gibbon nicht gelesen? Wie ist das möglich, mit Ihren schönen Beinen?« Alex' schlanke, flache Hand drückte meine; und die letzten

Akkorde männlicher Koketterie wurden mit bemerkenswertem Erfolg ausgespielt. »Elizabeth, Elizabeth. Du hast mir nie eine Chance gegeben.«
Oh, in der Tat.

Er war aufgewühlt, Meuterei im eigenen Lager. Er hatte nicht geheiratet, hatte sein »Studio« für das lahmende Architekturbuch behalten, für Liebesaffären, für seine Selbstbestimmung – alles zerstört durch ein plötzliches Verbrechen. Sarah hatte ihn verlassen.
»Und nicht nur das«, fuhr er fort. »Nur ein paar Wochen vergingen, und sie heiratete. Man kann durchbrennen wie ein junges Mädchen, egal wie alt man ist, wenn man keine Scheidung benötigt.«
Seine lange Verbindung, fünfzehn Jahre, mit der nervösen, beharrlichen, verliebten Frau aus Philadelphia – Sarah, die an das heilige Buch glaubte und an die Wölbungen seines orientalischen Gesichts, die besitzergreifend war und beherrschend und in ihrer simplen, sturen Konzentration – wie die Konzentration eines, der über eine gefährliche Maschine gebeugt ist – vielleicht ein bißchen verrückt. Sie machte einfache Dinge, so wie andere Schulden machen, ganz natürlich. Und so buk sie selbst langweilig schmekkendes Brot, kochte trübe Suppe aus frischem Gemüse und nähte sich ihre Kleider aus pakistanischen Bettdecken zusammen. Es lag eine heitere Engstirnigkeit in diesen Reduktionen. Sie hatten Charakter, wie ihr helles Lächeln, ihre hellen Zähne und die Art, wie sie einen Verlagslektor auf die Seite nahm und sagte: »Geben Sie ihm einen festen Abgabetermin, hören Sie. Das würde helfen.«
»Du hast dir einen kleinen Bart wachsen lassen«, sagte ich.

»Siehst du, es ist nicht wahr, daß man sich nicht ändern kann.«

Und wie demütig er aussah mit seinen grauen Strähnen. Ja, natürlich, er sah endlich wie ein Familienvater aus, wie einer, der die Hälfte eines Paares ist und, vor der Welt versteckt, allen Streit hinter dem sauberen, öffentlich gezeigten Lächeln des Verständnisses verbirgt; der in Panik aus der Höhe der allgemein gebilligten Unzufriedenheit der Ehe herabstürzt und nun doch froh ist, ein Kissen vorzufinden, als er landet. Monogamie wehte um ihn her – der Geruch eines heißen Bügeleisens auf einem Hemdkragen. Ein Bourgeois, der an Ruhestand denkt, an Bäume, die er pflanzen möchte, an Fensterläden, an ermüdende Autoreisen, deren man sich gern erinnert. Merkwürdig, daß dies alles sich an ihn hängte, gerade als er endlich ein richtiger Junggeselle geworden war.

»Abscheulich«, sagte er. »Nur Frauen mit Geld können die Gesetze der Wahrscheinlichkeit überwinden. Und was immer sie tun, es wird Hand und Fuß haben. Es ist entweder ein Rückfall oder eine Wiedergeburt.«

Sarah war mit der Bahn nach Philadelphia gefahren. Ihre Geschichte war in der Tat kurz. Darin lag ihre Größe. Im Zug traf sie einen alten Freund ihrer Eltern – der verehrten Eltern. Ältlich, verwitwet, reich, aufmerksam. Und was für einen Glanz von geduldigem Konservatismus muß der alte Freund auf ihre Vergangenheit geworfen haben, auf ihre Opfer, ihre Dienstbereitschaft.

Der prächtige alte Herr, gut in Form durch seine täglichen langen Spaziergänge, hager durch die salzlose Küche seiner irischen Haushälterin, überfiel sie mit der Stimme des Blutes, mit Erinnerungen an das Rudel und den Klan. ›Wie habe ich Ihre Mutter verehrt!‹ ›Ein Wunder, daß es keinen Skandal gegeben hat . . .‹ ›Ihr Vater war der Stolz der Nation . . .‹ Erinnerungen an Hunde, an alte Partner in vielen Tennis-Doppeln, weiß gekleidet, mit langen dünnen Beinen wie Watvögel.

Sarah wandte dem alten Mann *auf der Stelle* ihre Liebe und Aufmerksamkeit zu. »Was für ein Stil«, rief Alex aus. »*Auf der Stelle* . . . Du fragst, wie sie meine Überraschung aufnahm? . . . Reine Verstocktheit . . . bleierne Verstocktheit . . .«

Und warum nicht, Alex? Es ist bekannt, daß Frauen Gift in den Taschen tragen. Hattest du eine Pistole erwartet? Eine Frau mit einer Pistole wäre nichts anderes als ein Polizist. Wir verlieben uns in die Verbrecher, denk daran. Polizisten heiraten Mädchen aus der Nachbarschaft; im Schatten der High School beginnt ihre Verbindung, die erste Uniform ist ihr College-Ballkleid und sein schwarzer Binder zum weißen Hemd. Aber die Mädchen denken an Gift, denken an Gift, wenn die Lampe auf dem Nachttisch gelöscht wird, wohin er vorsichtig den Revolver für die Nacht gelegt hat. Die schwarzen Schuhe, der schöne warme Stoff der Jacke, die Schultern und Schenkel von Hengsten. Und Polizisten werden gewöhnlich von solchen niedergeschossen, die keine Figur haben, die dünn sind, dünn, nichts als Haut und Knochen. Denk daran.

»Es war ein Fehler, die Frau nicht zu heiraten, die ich liebte«, sagte er mit erlöschender Stimme.

Aufstände, Insolvenzen. In seinem geliebten Studio, zwischen dem Gerümpel immer gleichbleibenden Müßiggangs, inmitten der sich auf ihn senkenden Stille der Unabhängigkeit.

»In gewisser Hinsicht«, sagte ich, »warst du ja mit Sarah verheiratet.«

Seine Stimme schwoll wieder an. »Nein, nein. Du redest Unsinn. Es ist nicht die Substanz, sondern die Form, die zählt. Die Heiratsurkunde, das Testament ... die Vermögensrechte, die Einkommensteuer ... die Kusinen, die Beerdigungen ... die Fotografien!«

Hochzeitsfotos. Aufzeichnungen des Bluts, Entscheidungen, Sakramente. In meiner Wohnung, um uns herum, in der alten verblichenen Rotkiefer-Truhe, im Mahagoni-Schreibtisch, auch im hellen schwedischen Schreibtisch, in der Eichenanrichte liegen in dicken gelben Umschlägen (auf einem steht ›Europareise‹) meine eigenen Fotos, dreihundert oder mehr, die von der Form Zeugnis ablegen; Bilder in den Schubladen, in der alten Kiste, Bilder, die einen zum Vorfahren seiner selbst machen. Von anderen, die ich geliebt habe, die ich jahrelang geliebt habe – keine Spur, nicht ein Fingerabdruck. Wie es sein sollte. Wer nichts hinterläßt, kann nicht lange vermißt werden.

Alex angesichts der leeren fließenden Vergangenheit, die so schnell eintrocknet: »Mein Gott! Die Briefe, die Bündel von Briefen aus dem Internat, von dem alten Onkel auf dem Schiff nach Vera Cruz in den neunziger Jahren. Das sind die Dinge, die zählen.«

Draußen die klagende Herbstnacht und der Wind, der die Vorhänge drinnen rascheln läßt. Noch ein Drink, und höflich verlagerte sich die Unterhaltung, neigte sich, suchte Ruhe fern der breiten unübersehbaren Schneise, die Sarahs Verbrechen geschlagen hatte.

Er blickte in die vierziger Jahre zurück, zu den antistalinistischen Radikalen. Wie glücklich er damals gewesen war, in den alten Tagen der *Partisan Review*, an dem Abend, als Koestler Sidney Hook kennenlernte und beleidigte; als Sartre und die Franzosen Rußland entdeckten, lange nachdem »wir« das Elend der Schauprozesse empfunden hatten, der Pakte, der sowjetischen Lager. Alex hatte in der Geschichte gelebt; das heißt, er hatte durch T. S. Eliot, Kafka, John Donne, Henry James gelebt; durch Maritain, Gilson und Alger Hiss.

Aber er war nicht lange abzulenken, und so kam er mit schnell schlagenden Augenlidern, plötzlich wieder nachdenklich, auf eine angemessene Melancholie zurück und sprach davon, wie traurig es war, allein zu leben.

Allein? War das nicht der springende Punkt gewesen? Ah, Delacroix sagte einmal von Rousseau, daß er nie Feuer gesehen habe, außer im Küchenherd.

Alte englische Tapeten, Teppiche, venezianische Spiegel, verzierte Vasen, marmorne Kaminsimse, Tischklingeln unter der Decke auf dem Speisezimmertisch, Stühle mit Petit-point-Stickerei: Alex stellte ein Inventar von Sarahs Haus in Philadelphia auf, bevor ihre Mutter starb. Klagte darüber, daß sie keinen Eakins hatten ... Natürlich nicht ... Dafür waren sie denn doch nicht elegant genug.

Und weiter und weiter: »Ich kann dir gar nicht sagen, wie schlecht Sarah und ihr Mann sich benommen haben ... Die Blasiertheit, die Schäbigkeit ... Schreckliche, schreckliche Klischees. Alles, was einmal wertvoll gewesen war, verwandelte sich über Nacht in eine Anklage ... Mein Schreiben, meine Politik, mein Leben, meine Freunde ...

Jetzt hör zu, hör genau zu. Sie hatte die Stirn zu sagen, daß nicht *er* es war ... *er* überhaupt nicht. Nur die Gelegenheit ... ja, sie ist tatsächlich fähig, es so auszudrücken ... Nein, die Sache mit uns war schon lange, sagte sie, tot ... Was für eine Lüge.«

»Das sagt jeder. Ich würd's nicht ernst nehmen.«

Er war schon etwas betrunken. »Sag du mir nicht, was ich ernst nehmen soll! Ich nehm das ernst, was ich will.«

Ihre Reisen, ihre quälenden, sparsamen Trips nach Venedig, alle so schmerzlich, da sie doch seiner persönlichen Großzügigkeit, seinem natürlichen Hang zum Stilvollen zuwiderliefen. Im Juli an die Nordküste bei Boston, zu ihrer Schwester, wirklich sehr langweilig. Und auch dort wieder hübsche Segeljollen, die sich am Pier wiegen, und brutale Ökonomie im Haus.

»Hör zu, Elizabeth, du hast keine Ahnung, wieviel Geld diese Leute haben ... Sie brauchen sich nichts zu kaufen ... Ihr Vergnügen ist es, dieses Geld zu besitzen. Und ihre Ansichten – das allerschlimmste, das kann ich dir sagen. Diese alten Yankees zeigen das nach außen nicht, aber wenn's sein muß, gehen sie über Leichen. Eine kriegslüsterne Bande ... Ich bin ein Romantiker. Ich dachte, sie wären alle wie der ältere Henry James – gutmütig, exzentrisch. *Swedenborgs Geheimnis*, in der Richtung, weißt du? ... Göttliche, natürliche Menschlichkeit ... So wie *Im Schatten des Bostoner Parlamentsgebäudes* ... Nein, die Welt da oben ist eine Wüste.«

»Vielleicht mochte Sarah nicht, daß du andere Frauen hattest ... wenn du sie hattest.«

»Wenn ich sie hatte? Natürlich hatte ich. Aber darum geht's nicht ... Der springende Punkt ist, daß der Typ, dem ich nicht widerstehen kann, eine einfache Frau ist, ein bißchen geizig, nicht sehr interessant ... aber auf eine sparsame Weise hochherzig. Und sie muß natürlich Geld haben, mit dem sie sparsam sein kann ... Nicht viel, nur gerade ausreichend ... Genug, sie in meinen Träumen wie eine alte geliebte Schuldirektorin erscheinen zu lassen, mit den Schlüsseln, den Zeugnissen und Generationen von Klassen im Kopf.«

»Hör zu, hör zu, hör zu«, bettelte er; »und ich dachte, es würde in ein paar Monaten vorbei sein, ein schnelles, schmerzliches Verschwinden ist so gut und nützlich, unwiderruflich, schon im Sturm hinterläßt es die erste Saat des Vergessens.«

»Hör zu. Es ist die prüde Kraft dieser Frauen, die mich anzieht ... Das ist für mich schön – wie volles Haar oder tolle Augen. Und die Wahrheit ist, daß ich nichts als das Allernotwendigste von ihren stupiden Dollars bekommen habe ... Die Schmerzensschreie über meine Unachtsamkeit mit Geld ... Die Kärglichkeit ihrer Weihnachtsgeschenke, du würdest es nicht glauben ... Die Kinder eines Tagelöhners haben's besser ... Trotzdem kennen sie komischerweise den Wert des Geldes nicht ... Sie bringen die Nullen durcheinander. Zwölftausend für ein Haus? Ist das nicht eine Menge Geld? sagen sie ... Vielleicht, denken sie, sind es hundertzwölf ...«

Er geht. Plötzlich, in der Tür, wehte ein Lächeln durch die Dunkelheit seines Gesichts. Die Züge leuchteten auf, und die melancholischen Augen glitzerten.

Es macht Spaß, alle Indizien des Verbrechens auf den Tisch zu legen.

Oben im Norden, in Vermont, kannte ich zwei einsame Männer, rasend in ihrer Verlassenheit, zitternd vor Unglück. Dem einen war die Frau nach fünfundzwanzig Jahren fortgelaufen; der andere hatte seine Frau nach vierzigjähriger Ehe überlebt. Schwarze, stille Nächte, Schnee, der früh im Jahr kommt, leere Straßen, und die Hälfte der Sommerhäuser mit Brettern zugenagelt, die Möbel in eisiges Leinen verpackt; die Bilder haben leere Vierecke an den toten Wänden hinterlassen, die Jalousien sind auch an sonnigen Septembernachmittagen heruntergezogen. Die Häuser warten auf den nächsten Juni, darauf, daß die Leute zurückkommen, die Jalousien wieder hochgezogen werden. Es ist, als würde ein Stein von der Öffnung eines Grabes weggeschoben.

Was die Männer betrifft – sie hatten schreckliche Fehler in der Wahl des Wohnsitzes gemacht und lebten wie wilde Tiere, die man in einen Stall gesperrt hatte. Der vom Leben betrogene Freund war so erbärmlich wie ein Aussätziger.

»Wir sind hergezogen, weil es billig war, viel Platz zum Arbeiten, keine Lust mehr, als Lehrer zu arbeiten, wegen der Kinder, der guten Luft, der Aussicht.«

»Sag, G., was ist das Schlimmste? Die Stille?«

»Nein, das Schlimmste war ihr Gefühl, daß sie nichts falsch gemacht hatte, nichts ...«

»Hatte sie denn was falsch gemacht?«

Sie hatte einen riesigen Fehler gemacht. »Über ein Dutzend Leute haben darunter gelitten. Ich und unsere drei Kinder ... Sie sind groß, sind fort, aber sie vergessen's nicht, sie tragen schwer daran ... Die Frau meines Freundes und seine vier Kinder ... Hörst du? Vier ... Meine

Mutter, ihr Vater ... Ihr Vater war viel zu krank für das hier. Er starb an der verheerenden Wirkung auf unsere Familie ... innerhalb von Monaten.
Als ich zu ihr sagte: Wie gedenkst du auf diesen Leichen ein Leben aufzubauen? sagte sie: ›Ich kann es nur versuchen.‹«
Ein Mann, dessen Frau gestorben war, gestorben gerade in dem Augenblick, als sie ein neues Leben anfingen, als sie versuchten, Ordnung zu schaffen. Sie hatten nicht schlecht gelebt, sie wollten noch besser leben, als sie sich in das geliebte Sommerhaus zurückzogen. In einem blinden Wahn, der ihnen gar nicht ähnlich sah, jagte dieses Paar der Vollkommenheit nach, als wollten sie nicht wissen, daß der Tod auch im Paradies war. Ich würde lieber mit dem Blick nach Süden kochen, sagte sie; und so wurde die Küche in den südlichen Teil des Hauses verlegt. Er verliebte sich im Sommer in die Veranda und fand, es sei sein Herzenswunsch, auch den ganzen Winter auf der Veranda zu sitzen, und so wurden Fundamente gelegt, große Glasfenster lagen glitzernd auf dem Rasen, um endlich eingesetzt zu werden; nach langem Prospektstudium an den Abenden wurde ein schöner schwedischer Ofen erworben; und die prächtige neue Veranda verwandelte die Gestalt des alten Hauses, verjüngte es und das Paar dazu, machte sie kühn und hell.
Sie waren nicht allein. Alle die Leute, die sich zur Ruhe gesetzt hatten, schufteten und schufteten, um Vollkommenheit zu schaffen. Anbauten, neue Flügel, aufgerissene Dächer, neue Treppen, in den ersten Stock verlegte Schlafzimmer, gefällte Bäume, neugepflanzte Bäume. Zutiefst schwierige Renovierungen wurden unternommen, um das

Leben leichter zu machen. Das Erbteil der Kinder wurde verbraucht, aber eines Tages würde das Haus stehen, neugeschaffen aus Kinderträumen und Kinderwunden von vor sechs Jahrzehnten.
Und dann starb die Frau, gerade als alles fertig und harmonisch war.
Das große einsame Haus in der schönen einsamen Stadt im Norden. Die kühlen Nächte und die Kupferböden der Pfannen verloren langsam ihren Glanz. Nichts, worüber zu lächeln wäre an den Nachmittagen auf der unüberlegten Sonnenveranda. Junggesellen sind sie wieder in ihren entvölkerten Siedlungen, den großen Tieren gleich in den Käfigen im Zoo, mit dem Namen ihrer Art am Gitter.

Liebste M.: Das Neueste von Alex. Er hat tatsächlich eine Stelle bekommen, an einem kleinen College in Ohio. Er arbeitet! Ist es möglich? Er hat eine einfache Frau geheiratet, eine Krankenschwester, die einen Job in einem Krankenhaus hat. Alex ist wieder radikal und trägt einen Terroristen-Bart. Die Studenten mögen ihn, die Fakultät nicht. Er wohnt in einem schrecklichen Haus und mäht den Rasen – er fängt neu an, arm, gerade noch rechtzeitig gewissermaßen.

Sechster Teil

Der Terroristenbart, der erste Kühlschrank, die Anzahlung, Werkzeug in der Garage, die Nachbarn beim Wagenwaschen.

Lieber alter Alex: Ich will es mir für dich merken.

Ich bin achtzehn, und da kommen sie, zwei Leute von der Kommunistischen Partei in Cincinnati. Die Hitze ist voller Staub, das Gras hart und trocken wie Stroh, die verdorrten Wurzeln der alten Blumen seufzen nach Wasser. So ist es hier. Es ist Sonntag. In meinem Haus sind mehr Leute um den Eßzimmertisch versammelt als in der Kommunistischen Partei des Staates Kentucky.

Sie, die beiden, sind in einem Auto mit grauer Kühlerhaube vorgefahren, einem erbärmlichen, abgenutzten Karrengaul, beladen mit Zeitungen und Flugblättern, die so ausgefranst sind wie die Kohlblätter vom letzten Winter.

Die junge Frau und der ältere Mann sind nicht sehr anziehend. Sie setzen sich in die Verandaschaukel, die in ihren alten Ketten hin und her schwingt. Nun gut, so organisiert man den Süden, scheint ihr müder, eigentümlicher Blick zu sagen.

Sie reichten mir eine Browder-Broschüre. Aus der Volksfrontzeit. *Kommunismus ist der Amerikanismus des zwanzigsten Jahrhunderts.* »Eine interessante Idee«, sagte die junge Frau.

Ich sagte: »Ich hab das oben in meinem Zimmer.«
»Um so besser.«
Sie seufzten, verloren in der niederdrückenden Sonntagsluft. »Gibt es in Lexington *gute* Leute?« wollen sie wissen. Sie seufzen noch einmal, horchen auf das fragende Husten und Murmeln am Sonntagstisch und begeben sich bald wieder auf ihre staubige Reise.
Gute Leute? Vielleicht gibt es ein paar in der High Street. Eine verfallende alte Avenue, die von Osten nach Westen verläuft und in ihrer Geschichte Höhen und Tiefen erlebt hat. Nahebei die Verbindungshäuser: Whisky, raubtierhafte junge Männer mit leeren Gesichtern und dicken Verbindungsringen an den Fingern, schreckliche Erinnerungen an ihr betrunkenes Singen, ihre betrunkenen Hände auf meinen betrunkenen Brüsten.
In der High Street wohnte eine Familie von Transzendentalisten. Arm wie ihre Vorfahren vor ihnen, kein einziges Mal vom Flügel des Wohlstands gestreift, niemals auch nur in der hoffnungsvollen, schwankenden Mitte der Leiter. Statt dessen lebten sie in einer Traumwelt von Ideen, die fast wie ein falsch adressierter Brief zu ihnen gekommen waren, oder wie eine dieser Botschaften in Flaschen, die mit der Strömung zu fernen Kontinenten treiben. Die Familie hatte etwas vom Sowjetkommunismus gehört und erlebte die mannigfaltigen Erschütterungen der Bekehrung.
Das Haus – wer weiß, wem es einst gehört hatte oder wem es damals gehörte? Es hatte wenig von den organischen Anzeichen des Eigentums, nichts an ihm wuchs, griff aus im Laufe der Jahre. Es war in den unglücklichen Farben Ocker und Braun gestrichen, die damals sehr beliebt wa-

ren. Der Winter legte die verrottende Veranda von splittrigem Holz bloß, an der die Liegestühle des Sommers lehnten. Es war nicht ihr Haus, aber zu einem Zeitpunkt lebten sie alle zusammen darin: drei Generationen, die alten Eltern, Söhne und Töchter und Enkelkinder. Es waren Leute aus den Bergen, vielleicht schottisch-irische Nachkommen eines eingewanderten Kleinpächters.

Der Vater war groß und schlank, mit dichtem, glattem sandfarbenem Haar. Die Mutter hatte eine verlegene und freundliche Art und einen mageren, zahnlosen angelsächsischen Unterkiefer. Ihr feierlicher Blick und ihr ruiniertes Lächeln verkündeten, daß sie aus den Appalachen kam.

Der Held des Hauses war ein kranker Sohn, der hager und fiebrig in einer erregten Rekonvaleszenz lebte, die von leidenschaftlicher Ideologie verklärt wurde. Im Innern des Hauses schien in der Februarkälte die warme, lähmende Luft des Gasofens mehr das Hirn als die Gebeine zu erhitzen.

Der Sohn lag unter einem Hügel abgetragener Decken, den markanten, intelligenten Schädel und die großen Ohren ins Leben drängend, als wollte er sich vom Niedergang seines kranken Körpers abwenden. Er lag unter den Dekken und einer Schicht von Zeitungen, als könnten die alten Nummern des *Daily Worker* dem Körper Wärme geben. Flugblätter und Kartons und geheiligte Texte umgaben ihn, eine Sammlung dessen, was er in seinem ländlichen Singsang als »Internationalen Kommunismus« bezeichnete.

Zweifellos sah er älter aus, als er war. Er mochte einundzwanzig sein oder einunddreißig. Er hatte sich in ein großes Engagement geworfen, in einen bizarren, weitläufigen

Kampf, der mit einem Arsenal seltsamer Laute geführt wurde, den auf eigene Weise artikulierten, doch wohlverstandenen Parolen des Marxismus-Leninismus, dem Jargon des Parteiglaubens. Die Namen europäischer Kommunisten wie Togliatti und Thorez, als Heiligtum verehrte Hausgötter wie Mother Bloor, die Rezensenten, Autoren und Propagandisten der *New Masses* – ein ungewöhnliches Oratorium ergoß sich, in hohen und tiefen Tönen, aus dem Kopf, der aus den Decken ragte. Diktatur des Proletariats, die Massen, die herrschende Klasse, das Lumpenproletariat, die Vorhut.

Manchmal, wenn es ihm besser ging, konnte man ihn die High Street hinunter in Richtung Main Street humpeln sehen, auf die große Kathedrale, das Postamt zueilend, den Spender und Empfänger des Lebens. Luftpost, Zeitungen, Berichte, Widerlegungen, Anklagen und Gegenklagen, Denunziationen – das war der Strudel, in dem er schwamm.

Geständnisse, Hinrichtungen und Prozesse, schlechte Neuigkeiten, all das kam zu dem Sohn (er hieß Lyle) als kleingedruckte Nachricht, nicht als Titelgeschichte. Die Papiere hätten auch statistische Aufstellungen am Ende einer Examensarbeit sein können, oder für den Fachmann bestimmte Fußnoten. Hier war er, ein kleiner Bekehrter in der Provinz, und was in dem verworrenen, aufregend verwandelten Land vor sich ging, kam zu ihm als ein Gemurmel falscher Auslegung, als ein von Feinden überliefertes Vorurteil. Erblassend, die Kehle ein zitternder Strick, niedergeschlagen, doch nie ohne Hoffnung, kämpfte der Sohn um Klarheit und Vernunft. Armer junger Mann. Niemand kannte ihn, und er kannte niemanden, keinen in

den Zeitungen, nicht einen der Namen, die seinen Gedanken so nahe waren. Kein Polizist suchte ihn auf, nur der Briefträger machte sich Gedanken über ihn.
Die politischen Ausschweifungen in dem baufälligen Haus, die obskuren Diskussionen im hohen Gebirgsakzent, das Wissen aus vergilbendem Zeitungspapier, der Mehrwert, der Überbau. An die Stelle von Liebe und Ehrgeiz, von Neid und Stolz war die verzehrendste aller Leidenschaften getreten, die Politik, um jede Lebenszelle auszufüllen.
Soviel ich weiß, ist die Familie fort. Was kann man von Leuten wissen, die nie im Telefonbuch gestanden haben? Manchmal verschwinden sie wie in einem einstürzenden Bergwerksschacht. Fort von irgendwo oder zurück irgendwohin. In das ockergelbe und braune Haus zogen Schwarze. In den Staub der alten mischten sich neue Themen.

Lyle war mit einem anderen einheimischen »Roten« befreundet, der wie ein intelligenter Truthahn aussah. Dieser Freund, ein einzelgängerischer, tölpelhafter Gnostiker, der sich pausenlos Zigaretten drehte, schwachbrüstig und doch energisch, war geheimnisvoll. Er hatte etwas Streitsüchtiges an sich, obwohl er nicht stritt; vielleicht hatte man nur das Gefühl, er sei von einer schweigenden Disputation in seinem Kopf in Anspruch genommen. Mit seinem langen Truthahnhals, dem kleinen Schnurrbart, den halbgeschlossenen Truthahnaugen ähnelte er einem Kleinstadtdetektiv und war doch das genaue Gegenteil. Er war es, der wahrscheinlich immer eine fremde Hand um sein Handgelenk fühlte und eine amtliche Stimme hörte, die sagte: Kommen Sie mit. Er sprach sehr wenig, aber mit einem drolligen Nikotingrinsen sagte er gern, er sei im Oktober 1917 geboren. Just unter dem Stern und Zeichen der Revolution. In Ohio, gleich hinter der Grenze.

Eine Zeitlang hatte er ein kleines Büro, eine Hütte nahe der alten Bahnstation. Dort zog er auf einem Kopiergerät Blätter ab, auf denen Versammlungen angekündigt wurden, zu denen wenige Leute kamen – außer gelegentlichen Störern oder streitbaren radikalen Studenten von der Universität, die Sozialisten oder Trotzkisten waren. Unbarmherzig attackierten sie Mason – das war sein Vor- oder Nachname –, und der Schleier seiner Zigarettenaugen wurde so dicht, daß er fast blind schien.

Eine reine, vollkommene Freude wenigstens kannte Mason: ins Wahllokal neben dem Rathaus zu gehen und am Wahltag die Namen der Kandidaten der Kommunistischen Partei einzuschreiben.

Marie, Marie, in deinen bewölkten Augen ist derselbe verschwommene Widerstand gegen Untreue und Abtrünnigkeit, der mich an Mason mit seinem störrischen Zigarettenqualm erinnert. Marie war – viel später – eine reiche junge Frau, die mit zielloser Stimme vom Aufbau des Sozialismus sprach. Sozialismus schien ihr ein gefälligeres Wort als Kommunismus, oder vielleicht lag ein Hauch von Vorsicht in dieser Wahl.

Marie war schüchtern und zurückhaltend. Sie war auf den besten Schulen gewesen und trotzdem ungebildet, weil sie hauptsächlich linke polemische Zeitschriften las, Flugblätter und Aufrufe zu Geldspenden. Diese Fetzen trösteten sie in der Kälte, so wie sie Lyles flaches Bett wärmten. Ähnlichkeiten wie in einem bescheidenen Strukturalismus vereinen den obskuren, zermürbten und abgezehrten Ideologen, dessen ich mich aus den armseligen Straßen meines Zuhause erinnere, und die Industriellentochter, die eine Zeitlang am vornehmen Central Park West wohnte.

Marie verehrte ihre Eltern, und diese erfolgreichen, konventionellen Leute schienen die eigensinnigen Gedanken ihrer Tochter zu begleiten wie angenehme Schutzengel, an jedem Arm einer. Auf dem Kaffeetisch in Maries kahler Wohnung lagen in Leder gebundene schmeichelnde Geschichtswerke über den Begründer des Familienvermögens. Sie kannte jede Einzelheit der jähen, geschickten Sprünge der Familie zum Wohlstand; sie interessierte sich für ihre Reisen, für die Katen auf den Britischen Inseln, wo vielleicht einige noch unentdeckte Vorfahren geboren sein mochten, in Dörfern, wo schlichtes Volk lebte, das denselben Namen trug wie sie.

In ihrem weißen Schlafzimmer, neben dem reinen weißen Bett, das Ruhe unter einem Gestöber von Schneeflocken zu versprechen schien, lächelte das Hochzeitsfoto ihrer Eltern aus einem mit Amethysten besetzten Silberrahmen auf sie herunter. Meist lebte sie mit ihrem wunderlichen Drang nach Dürftigkeit so, als wäre sie ein kontemplativer Mensch, der nicht die athletische Kraft aufbringt, die man für den Konsum von Autos, Blumen und Bildern braucht, von Winterhäusern und Sommerhäusern, Tischgeschirr und Tischwäsche, Batik und Bettwäsche und all den kleinen, feinen und den großen, kühnen, fast abstoßenden Wundern.

Bei Marie gab es Blindheiten, Löcher und Lücken, die beunruhigend wie ein Stottern waren. Sie verschenkte große Summen, aber im Alltag war sie kleinlich und sogar geizig. Aufgehaltene Hände erhielten von ihr die kühnsten Zurückweisungen. Kellner, Taxifahrer und Botenjungen wurden mit Pfennigen abgespeist und sahen ihr nach wie einem Geist.

Irgendwann im Leben war ihr ein Talisman zuteil geworden. Er mag ihr im Traum erschienen sein, dieser Talisman, der ein Wort war: Rußland.

Eine Zeitlang hatte sie einen Geliebten, Bernie. Er war schrecklich anzusehen. Sehr kurz, und wenn nicht fett, so doch mit zu vielen Muskeln und Rundungen. Bernie war gebaut wie ein Kürbis oder wie zwei Kürbisse, einer über dem anderen. Der obere war sein fröhliches Kürbislaternengesicht mit den Zahnlücken.
Bernie sprach von schlechten Nachrichten mit einer glücklichen, knurrenden Stimme, heiter sagte er den Niedergang der Dinge voraus oder auch ihren ominösen Aufstieg, wenn der Niedergang ausblieb. Verleumdungen und Lügen in der Presse, Vorurteile, die wie Mohrrüben in der Geschichte wurzelten – all dies kam in einem Wortschwall aus ihm heraus wie das Lied des Schiffers:

O himmlische Lust,
dem Sturm zu trotzen
mit männlicher Brust.

Während er seine politischen Klagelieder sang, rauchte Bernie oft eine Zigarre oder naschte Erdnüsse aus einer Schachtel in seiner Tasche. Er hatte auf jede Frage eine

Antwort, aber keine auf Marie. Sie hatte in ihrer Jugend so viele Küsse und Komplimente bekommen. Also hatte sie viel Kraft in den schmalen Handgelenken, in den langen, schlanken Fingern, deren Nägel elfenbeinfarben lackiert waren. Kraft sogar in ihrem flüchtigen, wählerischen Appetit, der so ganz anders war als sein Hunger.

Es war ein Schock, Bernie aus diesem Schlafzimmer kommen zu sehen, die Schnürsenkel noch offen. Das Bett war so weiß und zierlich; die Flaschen und die Bleistifte, die blaßblauen Keramiken am Fenster mißbilligten die Anwesenheit eines Mannes. Seine blauen Arbeiterhemden, die großen Hände, sein fröhliches Knurren füllten die Wohnung, als hätte er einen Stapel alter Koffer mitgebracht.

Woran dachte Marie? *Coups d'état*, Menschenmassen mit erhobenen Fäusten auf der Straße, Spruchbänder, die Brot und Land forderten, versprengte Armeen aus dem Norden, Guerrillas in den Bergen?

Vielleicht sind ihre Träume auch weniger ungezähmt. Sie stellt sich Petitionen und Kontributionen vor, Schulkinder, die mit runden, wohlgenährten Gesichtern Lieder singen, Gymnastik auf öffentlichen Plätzen, Kollektivfarmen, Arbeiterräte, Siedlungsprojekte, Frauenärzte und Geburtenkontrollen.

Doch mit einer Beharrlichkeit, die am ehesten einer Vogelmutter ähnelt, die über dem Nest mit ihren Jungen schwebt, hielt sie ihre ersten Flüge im Gleichgewicht. Ferne Länder schloß sie in die Arme ihrer zeitlosen Zustimmung.

Marie, ich verstehe deine Angst vor Enttäuschung nicht. Siehst du nicht, daß der Revisionismus das Herz wie eine neue Liebe ergreifen kann?

Nach solchen Gesprächen pflegte sie mir einen Ausschnitt

aus einer kommunistischen Zeitung zu schicken, der Kritik an der politischen Linie erklärte oder verurteilte. Darüber in ihrer sauberen Handschrift: »Ich dachte, dies könnte dich interessieren, liebe Freundin. Liebe Grüße, Marie.«

Für Bernie war sie nicht genug, er hatte Entzugserscheinungen; sie entdeckte, daß er eine Geliebte hatte, eine streitbare, lebhafte Genossin, sehr sexy. Marie war erstaunt und verletzt und erinnerte sich, daß sogar ihr Vater Bernies Intelligenz bewundert hatte. Er verließ sie, und sie blieb allein mit ihrer ernsten, starren Leidenschaft.

In den sechziger Jahren trafen wir Marie in Italien, in Florenz, das sie als Mädchen schon einmal besucht hatte und wo sie nun wieder war, um der Vergangenheit ohne Schmerz zu begegnen, um in dem Dunst der Gemälde und Kirchen wie eine Fuchsie oder Gardenie aufzublühen. Aber Marie hatte gar kein Interesse an den Gemälden, an der Architektur der Kirchen, an den wirklichen Problemen von Musik und Dichtkunst. Sie selbst wußte das nicht, da sie gut erzogen war. Ein ruhiges Philistertum, höflich und unpolemisch, war tief in ihrem Geist verwurzelt und erklärte – zumindest zum Teil – ihre zurückzuckende Verwirrung angesichts der Ansprüche all dieser russischen Schriftsteller und Dichter mit ihren sonderbaren Namen und der Maler, die man eingesperrt oder umgebracht hatte. Das war keine Gefühllosigkeit; es war eine Leere, eine Leere ohne Bösartigkeit, wie man sie zuweilen bei Priestern und Nonnen findet.
In Florenz kam oft ein junger Italiener zu ihr in die Wohnung. Er hatte dichtes, welliges Haar, schlechte Zähne, ein

freies, gleichgültiges Benehmen, manchmal würdevoll, dann wieder geistesabwesend. Er hieß Benito und hatte eine Schwester namens Edda.
Benito arbeitete in einem Schuhgeschäft am anderen Ufer des Arno, und dort hatten sie sich kennengelernt. Wenn im Geschäft nichts los ist, steht er am Fenster, und sein unbewegliches Gesicht lenkt den Blick auf sich. Vielleicht wohnt er draußen am Stadtrand, aber man kann sich nicht vorstellen, daß er am Nachmittag nach Hause fährt, um zu essen und zu schlafen. Wahrscheinlicher ist, daß er die Zeit damit verbringt, im Park Fußball zu spielen.
Auf Schritt und Tritt war ein großer Begleiter an seiner Seite, ein deutscher Schäferhund. Wenn er bei Marie war, widmete er die meiste Zeit seinem Hund, er gab ihm mit lauter Stimme Befehle, sah ihm in die aufgeregten Hundeaugen. Während wir uns auf Englisch unterhielten, sprach er mit dem Hund.

Nichts Neues von Marie. Das Geld wird auf dem historischen Boden nicht weniger, wächst eher an. Enthüllungen aus ihrer Collegezeit vor über zwanzig Jahren beschäftigen sie – unterdrückt zwar, aber immer noch schwelend. Ihr Leben ist friedlich und doch rätselhaft. Nichts scheint sich zu ereignen. Armeen sammeln sich und mit ihnen die schlechten Nachrichten; Verknöcherung setzt ein, obwohl überall lebhafte Aktivität herrscht. Zuweilen scheint Marie zu denken, daß es im politischen Universum einen riesigen Rechenfehler gegeben hat. Drachen mit sieben Köpfen und zwölf Hörnern – hat man sie dieses Jahr nicht gesehen? Ein Leopard stieg aus dem Meer und versank wieder. Aber Geduld, Geduld.

Siebenter Teil

Im letzten Jahr begann in meiner engen kleinen Straße in New York ein neues Bürohaus in die Höhe zu wachsen. Es ist eine sonderbare Straße mit alten Wohnhäusern von bescheidenen Ausmaßen, die kurz nach der Jahrhundertwende für Künstler gebaut wurden. *Des artistes*, wie eins der Häuser heißt, sollten in ein- und derselben Wohnung arbeiten und leben, sollten ihr Atelier haben, wo sie wie spitzbärtige Franzosen malten, und Eßzimmer neben der Küche, wo sie wie Amerikaner aßen.

Die großen Atelierfenster waren damals nach den Theorien der Zeit mit Milchglas versehen. Das Tageslicht wurde gedämpft – um das Licht der Inspiration freizusetzen? Nördliche, gleichmäßige Helle und Staffeleien mit halbfertigen Bildern, die auf das Modell warteten – einen malerischen alten Mann, ein leicht drapiertes Mädchen – oder Stilleben aus der Obstschale.

Ich habe verschiedene Gemälde gesehen, die vor langer Zeit hier im künstlich grauen Tageslicht entstanden sind. Eines hat ein Picknick im Bois de Boulogne in Paris zum Gegenstand, die Frauen in den eleganten Kleidern der zwanziger Jahre. Alles war in Sonne getaucht, die Blumen und Bäume und die Kleider mit malvenfarbenen Bändern.

Das dicke Glas ist aus den meisten Fenstern verschwunden; aber nun schießt jenseits der Straße der Neubau dröhnend und kreischend empor. Ausgeklügelte Maschinen stehen Tag und Nacht davor, und das Stahlskelett in seiner kunstvollen Modernität schmückt das Stadtbild mehr, als das neue Gebäude selbst es tun wird. Der Lärm des Bauens wird eines Tages verstummen; doch niemals wird das Licht in das Künstlerhaus zurückkehren. Es liegt wieder in seiner gläsernen Undurchsichtigkeit. Vielleicht ist das ein Akt der Denkmalspflege.

Der Bois de Boulogne, die Picknicks, die Äpfel und Orangen auf den mit Wollschals bedeckten Tischen, angenehme Erinnerungen im Zwielicht: es ist vielleicht ganz gut, daß die alten Meister sich aus dem Staub gemacht und das Atelier dem Blitzlicht neuerer Mieter, den Fotografen, überlassen haben.

Es ist vorgekommen, daß jemand, den ich nicht kenne, bei mir wohnt. Eine dieser Gefälligkeiten, auf der eine Freundin bestanden hat. Die Fremde, dünn wie der elegante Kran vor dem Fenster, wirft einen Schatten, denn sie kam gerade, als ich darüber nachdachte, wie sich Erinnerungen verwandeln. Sie erfüllt den Raum mit dem alten und dem neuen Zwielicht, den Raum, den ich den Gedanken an meine Mutter vorbehalten hatte. Meine Mutter, mit der ich über dreißig Jahre sehr eng zusammengelebt habe, ist mir an diesem Morgen weniger deutlich als diese Freundin einer Freundin.

Louisa verbringt den ganzen Tag in einer schwermütigen, trägen Langeweile. Deren zärtlicher Stachel scheint für sie wie die Wohltat einer Zitrone oder die Kühle des Salzwassers. In ihren Augen sieht man einen auffallenden Stillstand – es sind hübsche, leere, zurückgezogene, starrende Augen – Kugeln in einem Porzellankopf. In solchen Momenten sieht sie am besten aus, sehr ruhig, das Gesicht in Harmonie fixiert, wie vor einer Kamera – dieser Wohnung sehr angemessen. Meine braune magere Katze starrt sie mit einem gelblichen, orientalischen Blick an, der ihrem sehr ähnlich ist. Sie schauen einander oft tief in die Augen, aber es ist ein Schauen ohne Sehen, wie zwei Spiegel an gegenüberliegenden Wänden. An diesem Morgen, ihrem zweiten hier, beobachtete Louisa, wie die Katze einschlief, die Lider schließen sich plötzlich, fest, schnell, als könnten sie den Reaktionen ihres geheimnisvollen Gehirns gebieten. Louisa sagte: »Sie können stundenlang, jahrelang vor dem Fernseher sitzen, aber sie sehen ihn nicht. Ich verstehe nicht, wieso nichts sie verändert.«

Dann nahm sie eine Zigarette aus der Tasche ihres Kittels, einem hellen Stück aus bunter Seide, das sie morgens anzog und auch sofort wieder, wenn sie von ihren Streifzügen durch die Straßen zurückkehrte. Sie inhalierte Zigaretten, als wären sie Opium, das sie dem Narkotikum ihrer Langeweile hinzufügte, jener großen, freundlichen Vertrauten, so lieb und treu. Eine makellose Droge schien die Langeweile zu sein mit ihren dahintreibenden Traumnebeln, ihrer Passivität, so rein und üppig wie Schlagsahne.

Nach einem verträumten Tag stieg Louisa in ihre Nächte hinab. Stets behauptete sie, sie seien voller Aufregung, Unruhe und Qual. Eine beständige Wachsamkeit schien noch über ihrem tiefsten Schlaf zu lauern. Sie erwachte mit zitternden Händen, erklärte den Schmerz, das unbeschreibliche, verzehrende Drama der Schlaflosigkeit. Das Hin- und Herwälzen, Jagen, die Schlachten; die Gefangennahme und das Entkommen, alles verborgen hinter zitternden Lidern. Niemand war kunstvoller als sie in den Bekenntnissen einer Schlaflosen. Dies waren weitschweifige, aber erregende Epen, die tief empfunden waren und zu denen man jeden Morgen zurückkehrte, so wie man auf eine Schwellung drückt, um immer wieder den Schmerz zu spüren.

Ihre hypnotische Erzählung gleicht der eines Volksdichters, ganz im Stil der sogenannten ›mündlichen Überlieferung‹. »Schließlich geschah es doch, der Schlaf kam ... Endlich ... Es war gegen vier Uhr. Am Himmel die erste Färbung ... Aber schon kurz darauf war ich wieder hellwach.«

Unangenehmer Egoismus? Nein, nur die Hoffnung auf Bestimmung, Beschreibung, Dokumentation. Die Fieberkurve des Lebens muß jeden Morgen auf den letzten Stand gebracht werden. Patient schlief schlecht, klagte über Schmerzen dort, wo die Operationswunde genäht wurde. Besorgniserregende Fortdauer genau der Symptome, derentwegen die Operation vorgenommen wurde. Vielleicht ist es nur der klassische Phantomschmerz.

Sie wird bald wieder ausziehen, der Störenfried, die Primadonna der Langeweile mit den Katzenaugen. Sie war ebenso schwerelos gekommen wie ein Bote, der an der Tür etwas abliefert. Während der ganzen Zeit, die sie im Haus war, hatte ich mir vorgenommen, an meine Mutter zu denken. *Denken* – das heißt, mich zu fragen, was mir vergeben würde von dem, an das ich mich erinnere oder das ich mir vorstelle. Was erscheint jenen, die mein Fleisch und Blut sind, angemessen und nicht als Verrat? Warum hast du nicht den Namen gewechselt? Dann könntest du dir ausdenken, was du willst, ohne daß es wahr zu schei-

nen braucht, da doch nichts davon wahr ist. Ich weiß die Antwort nicht.
Mein Vater zum Beispiel. Er ist aus dem Spiel, weil ich ihn nur als eine literarische Gestalt sehen kann, bereits fixiert. Ich will sagen, kann sagen, daß er sehr gut aussah; und in der Tat, als er einbalsamiert war, der Scheitel auf der falschen Seite, erinnerte sein Profil jedermann an das von John Barrymore. Er war nicht besonders gebildet, aber sehr intelligent, und er las eine Menge wahre Kriminalgeschichten in Zeitungen und Zeitschriften. Er sang sehr gut und kannte von vielen, vielen Liedern sämtliche Strophen. Er arbeitete als ungelernter Arbeiter und so wenig wie möglich. Mal als Klempner, als Heizungskesselverkäufer, als irgendwas am Gesundheitsamt der Stadt, als irgendwas im Parteiapparat der Demokraten. Es war nicht die Arbeit, die ihn definierte, sondern die Vermeidung von Arbeit, damit ihm Zeit für andere Dinge blieb: Schwatzen, Kartenspielen im Spritzenhaus, Football, sich ins Bett legen und Kinder zeugen, Zigaretten rauchen, Speck braten, angeln gehen. Er interessierte sich für Politik, und er und ich standen morgens früh auf, um im Radio die Nachrichten von der Einnahme Madrids zu hören, von der Unterzeichnung des Münchener Abkommens. Dann hielten wir uns an den Händen und weinten.

Manchmal, wenn ich oben in Maine bin und die Männer kommen, um etwas zu reparieren – stattliche, attraktive Männer –, um ein Rohr zu legen, etwas zu vermessen, einen Motor auseinanderzunehmen, einen Wagen in die Garage zu schleppen –, da ertappe ich mich beim Flirten, einer Art Verliebtheit in ihr Aussehen, ihre sonnengebräunten Gesichter, ihre schönen eingefetteten Arbeitsschuhe; die Art, wie sie einen Lastwagen steuern, ihre Witze über die Rechnung, wie sie mit anderen Männern sind, wenn sie in der Stadt Kaffee trinken oder wenn sie in einem Neubau oder dem verfallenden Schuppen eines Bootsbauers arbeiten, die kräftigen Finger gelb von Nikotin.

Dann denke ich an meinen Vater, an Papa, und frage mich, wie es wäre, mit einem solchen Mann verheiratet zu sein – ihn aus der Dusche kommen sehen, mit ihm um sechs Uhr abends beim Essen sitzen, um neun das Licht löschen, sich umarmen und oft zu Ehren des langen Arbeitstages lieben, um fünf Uhr morgens aufstehen, am Sonntag Verwandte besuchen, nie die Stadt verlassen.

So etwas frage ich mich, und natürlich weiß ich's. Ich weiß, wie diese Männer sind, aber ich weiß nicht, wie *sie* ist, sie, die ihnen die Sachen wäscht und für sie kocht und bäckt; ihre herunterhängende Jalousie, die ihr Mann, der Schreiner, nie in Ordnung bringt, und die kaputte Lampe, die ihr Mann, der Elektriker, nie repariert, das blumenleere, strauchlose Stück Land des Stadtgärtners. Ein Geheimnis; aber schließlich kommt man nicht nach Hause, um wieder mit der Arbeit anzufangen.

Der Schreiber dieser Zeilen ist einer der Erstgeborenen des Staates Tennessee. Wenn dieser Rang auch keines der Rechte der Primogenitur mit sich bringt, so hat er ihm doch gewiß die Pflicht der kindlichen Verehrung und der Achtung vor diesem seinem Geburtsland auferlegt.

Aus *Die Annalen von Tennessee*
bis zum Ende des Achtzehnten Jahrhunderts
von J. G. M. Ramsey, A.M., M.D., 1853

Meine Mutter glich in mancher Hinsicht einer Verbannten, obwohl ihre Wanderungen und Umsiedlungen sich nur über North Carolina, Tennessee, Virginia und Kentucky erstreckten. Ich kannte niemanden sonst, der sich so wenig für die Vergangenheit interessierte, für Vorfahren, Berichte und Fotos, für versüßte Erinnerungsbilder, diese kleinen Schmuckstücke des Stolzes. Hin und wieder erwähnte sie mit verwirrt gerunzelter Stirn die *Annalen von Tennessee* von ihrem Großvater gleichen Namens, aber sie hatte sie nie gelesen. Ramsey, dieser seltsame Sohn Tennessees, lebte dort, wo auch sie geboren wurde, in Mecklenberg County, North Carolina, dem Ort der »allgemein, als Fälschung betrachteten« Mecklenberg-Unabhängigkeitserklärung vom Mai 1775.

Sie muß eine Jugend gehabt haben, und sie hatte jene Brüder und Schwestern, deren Namen wir tragen. Sie erzählte von einem Bruder, der »sehr schlau« gewesen sein soll, doch auch mit diesem nahm es ein nebelhaftes Ende.
Dieser Bruder begann aus heiterem Himmel, meiner Mutter Briefe zu schreiben. Unglücklicherweise kamen sie aus einer Nervenklinik im Staate New York. Das Ungewöhnliche an ihnen war die auffallend schöne Schrift. Es waren kalligraphische Wunder, jeder Buchstabe vollendet geformt, in sehr geraden Zeilen, mit gleichmäßigen Abständen gesetzt, und mit einer feinen schwarzen Feder geschrieben. Der Inhalt war verständlich, die Rechtschreibung fehlerfrei, und das Thema eine Art Oratorium. Er schrieb gern an Nationalfeiertagen, die in ihm ein starkes patriotisches Gefühl weckten.

Liebste Schwester Mary: an diesem glanzvollen Vierten Juli strahlt die Sonne, wie sie in der Tat zur Ehre des heldenhaften Unabhängigkeitskrieges strahlen sollte, des Krieges, in welchem unsere geliebte Nation sich von fremder Herrschaft freigekämpft hat. Kein echter Amerikaner wird die gefahrvolle, von Gott behütete Reise der Mayflower geringschätzen, noch den köstlichen Augenblick, da am Felsen von Plymouth die Pilgerväter in ihrem schlichten Kleid niederknieten, um Dank zu sagen. Doch der Tag der Unabhängigkeit bedeutete das eigentliche Erblühen unseres großen Vaterlandes, denn damit betrat es den Weg in seine geheiligte Zukunft.
Ich muß hinzufügen, falls du mir zu schreiben wünschst, daß ich hier seit einigen Jahren nicht als Robert Ramsey, sondern als Robert Douglas bekannt bin.

Der Deine in familiärer Liebe
Robert Douglas

»Was für ein schöner Brief«, sagte meine Mutter. »Ich verstehe nicht, wieso Robbie verrückt sein soll. Er war es bestimmt nicht, als er meine Schwester vor ungefähr zehn Jahren besuchte, und damals muß er fünfundvierzig gewesen sein.«
Wir schrieben an den Direktor der Anstalt und erhielten nach etwa einem Monat eine Antwort, einen Brief über Robert Douglas, der nichts von des Patienten blumiger Grandeur hatte. Der Direktor schien nicht viel von dem Bruder meiner Mutter zu wissen, sagte jedoch, er befände sich in einer »mehr oder weniger ruhigen Phase«.
Ein paar Jahre später bekamen wir die Nachricht von seinem Tode und die Aufforderung zur Zahlung der Begräbniskosten. Irgendwie erfuhren wir, daß sein Namenswech-

sel kein Spleen gewesen war, sondern ein Gebot der Vernunft nach einer Zeit finanzieller Anspannung, wenn *Anspannung* das richtige Wort ist.

Das Haus ist dunkel. Nun sind alle Kinder geboren, und sie liegt in einem Bett, er in einem anderen, nach der Sitte jener Zeit und »Klasse«. Sie wissen nicht, daß Ehepaare, die keine Kinder haben oder nur eins oder zwei, stolz darauf sind, weiterhin in einem Ehebett zu schlafen, bis eine Alterskrankheit sie trennt.

Mein Vater sitzt in dem Zimmer neben der Dachkammer und raucht und liest. Vielleicht ist er ein wenig betrunken – es ist Abend. Meine Mutter zieht sich die Bettdecke über die Arme und betrachtet das Mondlicht, das durch die geblümten Vorhänge dringt. Die Jahre scheinen unwirklich – die Zahlen sind bloß Worte, fünf Jahre, zehn Jahre, vierzig. Sie könnten Substantive sein: Haus, Straße, Garage.

Ich glaube nicht, daß sie an ihre verlorene Jugend denken. Ich glaube nicht, daß sie sich vor dem Tod fürchten. Ich bezweifle, daß sie sich fragen, ob sie sich lieben oder ob sie glücklich sind. Es scheint nicht angemessen, dies, was immer es ist, als das eine oder das andere zu bezeichnen. Dennoch sind sie lebendig, voller Meinungen, Abneigungen, *Ideen.* Auf jeden Fall ist die Nacht gut, weil sie zum Tage führt, zu Schuhen und Strümpfen, zum Kaffee, zu Plackerei und Einerlei, besonders für sie, die sich vielleicht darauf freut, es hinter sich zu bringen.

Meine Mutter wurde in den achtziger Jahren des vorigen Jahrhunderts geboren, und das junge Mädchen, das hier für ein paar Tage zu Besuch war, in den fünfziger Jahren des zwanzigsten. Siebzig Jahre sind nichts. Die beiden Frauen ähneln sich nicht, und keine verkörpert ihre Zeit oder ihren Typ. Ich würde weder das Mädchen wegen ihres Narzißmus herabsetzen, noch zu viel aus der schrecklichen Arbeit meiner Mutter machen, einer Arbeit, die längst zur letzten Ruhe gelegt worden ist.

Ihre Kinder liebten die Pferderennen. Mein Bruder Jack erkrankte auf der Rennbahn in Louisville und starb bald darauf in seinem Zimmer im Brown Hotel. Tommy starb in seinem Lastwagen auf dem Weg zu den Ställen – er hatte noch schnell die Pferde bei der Morgenarbeit sehen wollen. Auch Pferde von edler, alter Rasse sind elend gestorben. Der berühmte Hengst Hambletonian lief 1799 in Newmarket gegen Diamond um dreitausend Guineen; er siegte, doch war es sein letztes Rennen. Beide Tiere waren »von ihren Jockeys unbarmherzig gepeitscht und gespornt worden«.

Übrigens hat Louisa, das junge Mädchen auf Besuch, vor kurzem einen ganz guten Job bekommen. Sie versteht einiges und kennt ein paar Leute. Sie ging früh, doch nicht zu früh, aus dem Haus, in schwarzen Hosen und schwarzem Ledermantel, um den Hals ein Tuch mit dem Namen eines französischen Designers, so auffällig angebracht, daß man denken konnte, er wäre der Bewerber.
Sie erzählte irgend jemandem, daß sie auf einem College gewesen war, sprach vom Maschineschreiben, von Erfahrungen mit Gelegenheitsarbeiten, womit sie ihre letzte Stellung meinte, sagte nicht ganz wahrheitsgemäß, daß sie

Diktate aufnehmen könne. Da setzte man sie in ein Zimmer und stellte die Diktiermaschine an. Wenn es für ihre Langschrift zu schnell ging, stoppte sie den Apparat und ließ den schwierigen Teil noch einmal laufen. Das getippte Diktat wurde für gut befunden.
Sie wird weder zu viel tun noch zu wenig, und das ist es, was verlangt wird. Sie wird eine Wohnung haben, einen Geliebten, wird ein paar Drogen nehmen, Platten hören, Kleider kaufen – und irgend etwas wird geschehen. Vielleicht etwas Gutes – oder zumindest etwas, was ihr gefällt.

Achter Teil

Die Reisen der Jugend, wenn alles billig ist und man in furchtloser Armut lebt. »Ihr alle, die ihr den Prinzen von Oranien liebt, fasset Mut und folget mir.«
In jenem Jahr also, 1951, war es Holland. Descartes hatte fast dreihundert Jahre früher von sich als dem einzigen Fremden in Amsterdam gesprochen, der nicht in Geschäften dort war.

Eine stillose Gracht im Zentrum – die Nicolaas Witsenkade. Eine lebhafte, bürgerliche Straße, vom schmutzigen Wasser der Gracht begrenzt, mit Blick auf die Türme des Rijksmuseums im Westen. Gelbe und rote Ziegelhäuser mit Steintreppen, aufgereiht mit der geschäftsmäßigen und praktischen Anständigkeit und Langeweile von 1920. Kachelschmuck in Herbstfarben an den Fassaden, und hier und da purpur- und bernsteinfarbene Fächerfenster über den Türen.
Die Hausfrauen von Jahrhunderten haben die gemütlich vollgestopften kleinen Zimmer mit der dunklen Täfelung geschaffen, haben runde Lampen mit seidenen Fransenschirmen über den mit schweren Decken belegten Eßtischen aufgehängt. Hübsch ist das Haus nicht, und die Wirtin ist voller Sorge um die Wohnung, denn es war ihre eigene, und jedes Stück darin ist ihr teuer. Jedenfalls sagten wir, als uns ihr ängstlicher Blick traf: Was für ein Triumph ist doch jedes Land!

Er bemerkte, daß auch Invasoren die Gemütlichkeit kleiner Länder nicht rauben können.
Ja, ein gedrungener, runder, glänzend schwarzer Ofen, der jahrelang mit der würdevollen Gehorsamkeit eines alten Esels seinen Dienst getan hatte, quälte unsere Tage und Nächte mit seinem störrischen Groll gegen eine neue, unkundige Hand – bestürzend schnelles Erlöschen der Kohlen, nachdem man sie gerade überredet hatte aufzuflammen. Wir krochen zwischen die kalten Laken, unter die uralten Decken und wurden an Kopf und Fuß von dem schweren Rahmen des Bettgestells gehalten und von dem scharfen Metall des Blätter- und Früchteornaments gestochen, durchdringende Erinnerungen an den Frühling. Jählings kam der Tag, und in der Dämmerung wurde die ganze Stadt lebendig. Bäcker und Kohlenhändler stellten sich mit solcher Geschwindigkeit ein, als hätten sie die ganze Nacht voll bekleidet gewartet. Gierige Reisende, Amerikaner, begrüßten das Heraufdämmern neuer Erfahrungen!

Der Winter trieb Schneeregen durch die schöne Stadt, und das Wasser der Amstel wurde grau. Im Frühling pflegten wir bei Tageslicht und am frühen Abend das Leben der arbeitslosen Indonesier auf der Veranda gegenüber zu beobachten. Ihre Vorfahren waren Auswanderer gewesen, fortgetrieben aus den Sümpfen der Zuidersee in die feuchte Luft Djakartas. Nun waren deren Kinder als *kolons*, als geographische Kuriositäten, zu den Schleusen und Poldern der Heimat zurückgekehrt, des unbekannten Vaterlandes, das sie so bekümmert empfing, wie es dem, was sie waren, gebührte: eine verspätete Rechnung, die schließlich doch gekommen war.

Die Indonesier saßen auf ihrer Veranda als ein trostloses Vermächtnis der großen Energie der Holländer, der alten Kartenstecher, Schiffsbauer, Geldverleiher, Diamantenschleifer – des Volkes, das Juden, Hugenotten und Puritaner aufgenommen hatte. Die Mischungen, die wir anstarrten, waren auf unvorstellbaren Zuckerplantagen entstanden, in der wahnsinnig machenden Hitze erschöpfter Imperien. Schöne hellbraune Frauen, seidenhäutige winzige Schwiegermütter, staubfarbene Kinder, die kleinen Hand- und Fußgelenke zart wie Hühnerknochen. Und die schweren, trockenen, sommersprossigen, büschelhaarigen Holländer, häßlich und beruhigend.

Noch lagen die Katastrophen des Krieges über dem Land; und doch lasen schon alle unsere holländischen Freunde Valéry Larbauds *A.O. Barnabooth, son journal intime* und genossen die durchtriebene Eleganz des sagenhaft reichen Helden und seine Neigung zum »Boutiqueismus«.

Die Massen von Amsterdam – und sogar das Land außerhalb der Städte ist überfüllt von Menschen in ihren Häusern, jeder eine Art deklassierter Edelmann, der anderen Platz läßt, wie ein Baum geduldig Schwärme von Staren erträgt, die auf ihm nächtigen. Das ganze Wissen Europas scheint sich hier eingenistet zu haben. Und eine gewisse Schwermut, ein Ringen nach Luft. Nein, nein, es macht mir nichts aus. Achten Sie nicht darauf. Ich habe nur gerade Sehnsucht nach den Bergen gehabt.

In Amsterdam kannten wir viele Leute, und kein einziger ist dem Gedächtnis entschwunden. Gerade jetzt, im

Traum, fühle ich mich zu einer Malerin namens Simone zurückgezogen und zu ihrem feurigen Liebhaber, dem ewigen Gatten, Dr. Z.

Dr. Z. besaß den mäßigen, wohlgenährten Egoismus, der seinem kleinen Kreis von gelehrten Freunden und Kollegen angemessen und der Welt der Akademiker von Amsterdam eigen war. Er hatte seine Erfolge, teils medizinische als Spezialist für Blutkrankheiten, teils in der Liebe. Aufgrund der Zeit, die er den Frauen widmete, mag es ihn überraschen, sich hier als *Ehemann* erwähnt zu finden.

In Holland beherrscht die »Gemütlichkeit« das Leben so vollständig, daß sie nicht einmal von den emotionellen Krisen gestört werden kann, die anderswo Ehe- und Liebespaare für immer auseinanderreißen. Statt dessen gehen hier Exgatten und Exfrauen immer wieder zu denselben Dinnerpartys und Geburtstagsfeiern wie die zweiten Männer oder Frauen. Scheidungen und zerbrochene Lieben mischen sich, als sei die Vergangenheit eine Art Essig, der mit dem Öl der Gegenwart zusammenläuft. Wohin könnte man auch fliehen? Neue Verbindungen zwischen diesen ruhelosen Leuten waren wie das Umstellen vertrauter Möbel. Häuser und Leben wurden so verwandelt – bis zu einem gewissen Grade. Sieh einmal, meine Liebe, da spielt ein Mann Geige auf der Straße, und dort ist sein Sohn mit dem Saxophon. Aus den Fenstern werden Münzen geworfen. Der Schatten ist vorübergezogen, und alles ist wieder in Ordnung.

Sie zieht zu ihm. Die Herengracht ist ein großer Fortschritt. Seine Frau läßt sich irgendwo anders nieder und nimmt ihre existentialistischen Philosophen mit. Wie schön, neue Verbindungen einzugehen, ohne darum die Stadt verlassen zu müssen. Die alte Karte der Innenstadt mit ihren verblaßten Farben hängt nun in der Sonne.

Dr. Z., den ganzen Tag in seinem weißen Kittel und abends mit rot und blau gestreifter Krawatte, kam in Amsterdam zur Welt. Dennoch fließt das Blut des Ostens in seinen Adern. Er hat etwas von einem Scheich an sich, und obwohl es auffallendere Männer um ihn gibt, stattlichere und jüngere, behauptet er seinen Platz mit liebenswürdiger, intensiver Selbstgewißheit. Sein Privatleben ist reich an Abwechslung, und doch ist er ein nachdenklicher Mann. Das Originelle an ihm war, daß er neue Beziehungen anknüpfte, ohne die alten zu lösen.

Anhänglichkeit, Rücksichtnahme, sanfte Ergebenheit waren die Merkmale dieses treulosen Ehemannes. In gewisser Hinsicht ähnelte er einem Krüppel, der sich jedes Jahr zum Hundertmetersprint meldet. Bravo, riefen dann alle, wenn er es schaffte. Natürlich waren seine Triumphe nicht zahlreich, denn er war ein beschäftigter, ernsthafter Mann, der oft in Universitäten und Akademien auf die Bühne trat, um Ehrungen zu empfangen. Dennoch hatte er seine Affären, ziemlich schlichte und seriöse wie er selber, aber sie waren intensiv und gewichtig, nahmen ihn sehr in Anspruch. Ohne seine einzige Ehefrau je zu verlassen, machte er jede der Frauen in seinem Leben zur Ehefrau. Hast du deine Steuern bezahlt? Hast du diese Woche schon mit deiner Mutter telefoniert? Liebling, dein Husten gefällt mir gar nicht.

Oft überkam ihn der Gedanke an Flucht, und er bildete sich ein, er sei bereit oder von der Liebe gezwungen, »ein neues Leben anzufangen«. Doch das war unmöglich für einen, der nichts wegwerfen konnte. Was für eine Verpflichtung ist die Intimität, seufzte er dann. Der geheiligte Fluß zwischen Mann und Frau, im Bett, bei der Unterhaltung im Café, am Telefon, die gemeinsam verbrachte Zeit. Er wußte alles über das tückische, wunderschöne, goldene Joch der Zeit!

Macht es immer noch Spaß, seine alten Schulfreundinnen, seine Cousinen zu treffen? Darauf kommt es nicht an. Es sind deine Schulfreundinnen, deine Cousinen, und sie gehören für immer zu dir wie dein großer Zeh.

Mevrouw Z. – sie war immer dagewesen. Der Krieg hatte die beiden getrennt, aber es gelang ihnen, gemeinsam in ihr altes Haus zurückzukehren. Sie ließ sich gern mit Madame Z. anreden, denn sie war Französin. Klein von Statur, muß sie in ihrer Jugend eine von diesen zierlichen und kompakten Persönchen gewesen sein, die sich nie verändern, einen gewissen Stil für ihr Äußeres finden und ihn hinnehmen, so wie man ein Stück Architektur akzeptiert, das man kaufen will. Als ihr ursprünglich schwarzes Haar grau zu werden begann, ließ sie es in der alten Farbe tönen und trug es in einem kurzen Bubikopf wie in ihrer Jugend. Gleich nachdem sie aufgestanden war, frischte sie die Wimpern mit schwarzer Maskara auf. Sie trug Samtbarrette und achtete streng auf ein Aussehen, das wie eine Trompete verkündete, daß sie keine Holländerin, sondern Französin war. Doch sonst hatte sie nichts von dem, was man mit der typischen Französin verbindet. Sie konnte weder gut kochen noch wirtschaften und machte sich nichts aus Männern. Die Hausarbeit überließ sie einer alten

Holländerin vom Lande. Madame Z. war träge, abgesehen von den Unmengen Büchern, die sie las, und ihrer Leidenschaft für das französische Theater. Sie verfolgte täglich die Bühnennachrichten und Kritiken in französischen Zeitungen und fuhr oft nach Paris, wo sie jeden Abend ins Theater ging.
Wenn man sie ein paarmal getroffen hatte, fand man heraus, daß sie eitel, aber nicht streitsüchtig war. Nur wenig erschien ihr neu im Leben, nur wenig konnte sie überraschen. Es war rührend. Sie lebte in der Vorstellung, daß sich hinter neuen Bewegungen und Menschen immer derselbe alte, schlichte und unkomplizierte Egoismus verbarg.

Dr. Z., der seine Erlebnisse immer glutvoll als einzigartig, unerwartet und unerklärlich empfand, kaute manchmal ärgerlich auf der Lippe, wenn seine Frau ihrem Glauben an das Prinzip der Wiederholung Ausdruck verlieh. Dennoch lebten sie in einer besonderen Intimität miteinander.

Aus Holland schrieb ich viele Klagebriefe. Liebe M.: Wie kalt das Haus ist! Wie schrecklich wir streiten, wenn wir zuviel Gin getrunken haben, und so weiter und so weiter.
Klagebriefe – und das in einer der glücklichsten Zeiten meines Lebens. Mit welcher Dankbarkeit blicke ich auf diese erste Europareise zurück. So, das war also Verona. Wir sehen die zerbrochenen Fenster und die strahlende Liederlichkeit Istanbuls. Und die lange Zeit in Holland, Zeit, mit der Eisenbahn zu fahren, einmal nach Harlem, um die alten Leute im Armenhaus anzuschauen, die Frans

Hals in seinen letzten Tagen in ihrem unversöhnlichen Schwarz-Weiß-Elend gemalt hat. Die lachenden Kavaliere haben vielleicht zuviel Austern gegessen, zuviel Bier getrunken und sind vollgestopft und widerstrebend gestorben, haben die Armen allein gelassen, denen ein hartes Leben die tödlichen Ausschweifungen ersparte. Nun fristen sie ihr Leben mit Almosen, leben immer weiter mit ihren festen, dunkler werdenden Gesichtern.

Antwerpen und Gent: »Was für wundervolle Namen«, sagte er, »fest wie die schweren Kopfsteine auf dem Platz.« Amsterdam, eine Stadt von Lesern. Die ganze Nacht meinte man, das Umblättern zu hören, Seiten auf Französisch, Italienisch, Spanisch und dem verachteten Deutsch. Diese blonden Köpfe erinnerten sich an Ovid, Yeats, Baudelaire, und sie erinnerten sich an das Leiden, das Sichverbergen, das Frieren. Die Last von Büchern und Kriegen.

Was machst du eigentlich hier?
Ich lese Motleys *Der Abfall der Niederlande* und Fromentin über die alten niederländischen Maler in einer hübschen Phaidon-Ausgabe.

Dr. Z. hatte von der Krankenschwester in seiner Praxis Besitz ergriffen. Eine frisch aussehende Frau, die nie geheiratet hatte und sparsam in einem Vorort wohnte – ein langer Weg mit dem Fahrrad. Ab und zu verbrachte sie den Nachmittag mit Dr. Z., Nachmittage, die nun, wie der Klatsch wissen wollte, ebenso routinehaft und gesundheitsfördernd wie eine Untersuchung waren. Oh, diese Bürden!

Dr. Z. ergriff von Simone Besitz, der Malerin, nachdem ihr Mann sie verlassen hatte. Er schubste die anderen beiden ein wenig zur Seite, um Raum zu schaffen. Man sagte von Simone oft, sie sei die unabhängigste Frau von Amsterdam. Sie war auch die einzige weibliche Malerin, über die man sprach, und es war ihr langer, nervenaufreibender Kampf um Anerkennung, der ihr diese Unabhängigkeit eingetragen hatte. Wenn es überhaupt so war. Daß »sie wirklich etwas konnte«, hatte nicht zur Folge, daß sie besonderes Glück oder Selbstvertrauen zeigte.

»Warum sollte das Malen einen glücklich machen?« sagte sie. »Es ist keine Zerstreuung.« Sie war mit den Nerven am Ende, sie hatte eine starke Neigung zur Melancholie und war leicht erschöpft. Aber obwohl sie vorgab, vom Leben zerschlissen zu sein, war sie immer in Bewegung, lief ständig die Treppe zu ihrem Atelier im fünften Stock hinauf und hinunter. In ihrer erregten Müdigkeit war Simone eine auffallende Erscheinung in abgetragenen, geheimnisvollen Kleidern, die sie offenbar auf Reisen in Trödelläden kaufte. Röcke und Blusen und Jacken aus Seide oder geblümte Leinenkleider, Schmuck vom Balkan, alte Glasperlen und Capes, Tücher, Ohrringe. Die Wirkung war manchmal die einer wirren Askese, und dann wieder setzte sie sich in Szene wie die kirchlichen Würdenträger in Florenz, wenn sie in abgetragenem Samt und schadhaftem Pelz dahinschritten, um die Taube des Heiligen Geistes vom Altar des Duomo aufsteigen zu lassen.

Als Mann wäre sie vielleicht Kardinal geworden. Sie war als Katholikin geboren, und obwohl sie dies in der freigeistigen und intellektuellen Welt Amsterdams, einer Art Archiv trotzkistischer, sozialistischer und anarchistischer Ge-

lehrsamkeit, beiseite geschoben hatte, konnte man Simone, mit Hilfe großer Tücher erbärmlich verkleidet, manchmal in die Kirche schlüpfen sehen. Man flüsterte, sie bete vielleicht für die Seele ihres Bruders, der mit den Nazis kollaboriert hatte.
Simones Gatte sah aus wie ein alpiner Skiläufer, war jedoch Professor der Geschichte. Tatsächlich fuhr er auf einen langen Ski-Urlaub nach Österreich und kam nach etwa sechs Monaten mit einer neuen Frau nach Amsterdam zurück, einer Amerikanerin. »Ich hab schon immer eine Amerikanerin gewollt«, sagte der Gatte.
Dr. Z. fühlte mit Simone und war entsetzt über die Selbstgefälligkeit des Gatten und noch mehr über sein lächerliches Glück mit der hübschen Amerikanerin. Der Doktor hätte es irgendwie anders gedeichselt, als Mann der bindenden Erinnerungen, der er war. Er gewöhnte sich an, das russische Sprichwort zu zitieren, das in Puschkins Erzählung »Die Hauptmannstochter« vorkommt:
»Findest du eine bessere als mich, wirst du mich vergessen –
Findest du eine schlechtere, wirst du an mich denken.«

»Schlechter? Wie will er das jetzt wissen; und wenn es so kommt, ist es zu spät«, betonte Madame Z.
Langsam oder nicht so langsam wurde aus Dr. Z.'s Duett ein Terzett. Er und seine Frau kannten Simone seit Jahren. War das nicht günstig? Lebte nicht der Exgatte mit seiner Amerikanerin in der Wohnung unter Simones?
Dr. Z. war eigentlich ein passiver Mensch, das hieß aber nicht, daß er nicht oft ganz im Gegenteil in Handlung und Stimmung sehr temperamentvoll sein konnte. Ganz bestimmt trat diese eigentliche Passivität einen längeren Ur-

laub an, wenn eine neue Affäre begann. Er verfiel in eine Raserei leidenschaftlichen Gefühls; er war verliebt, er trank zuviel, erledigte seine Arbeit so schnell wie möglich, kam sehr spät zum Abendessen und manchmal nicht vor Mitternacht nach Hause. Sein Nest wurde von dem neuen Sturm geschüttelt, und das Geschrei der Vögel hob an. Seine Frau sagte, dies sei genau das, was sie erwartet habe, und es interessiere sie nicht. Simone zögerte, aber da stand der betörte Dr. Z. mit Theaterkarten in der Hand. Da hielt er sie fest am Arm, als sie ihren Mann und das amerikanische Mädchen im Hauseingang trafen. Bald sagte sie mit einem mutlosen Seufzer, daß auch sie ihn liebe.

Die Krankenschwester weinte den ganzen Tag, sogar vor den Patienten. Wenn Simone in der Praxis anrief, wurde sie von der Schwester beschimpft und bedroht.

»Es steht sehr schlecht um die Heilkunst«, sagte Simone, »wenn man eine Schwester in solchem Zustand hat. Vielleicht läßt sich eine andere Stellung für sie finden.«

Dr. Z. war bestürzt, fand jedoch schnell die Fassung wieder. »Es ist ganz aus mit ihr«, beteuerte er; »aber ich kann nicht jemand wegschicken, mit dem ich sieben Jahre zusammengearbeitet habe.«

Dr. Z. wachte eifersüchtig über Simone, und ihr Schweigen erfüllte ihn mit schrecklicher Unruhe. Er datierte seine Liebe ein paar Jahre zurück. Ja, er erinnerte sich, daß er vor Jahren schon tief berührt gewesen war, als er nur gesehen hatte, wie sie sich ein Buch auf dem Platz kaufte, und bei einer Neujahrsparty, zu der sie grüne Samtschuhe trug.

»Ich kann mich an nichts dergleichen erinnern«, sagte sie. »Jetzt ist für mich früh genug.«

Manchmal wollte der Doktor abends nicht nach Hause gehen und verkündete, er sei bereit, das Haus seiner Frau zu überlassen oder ihr etwas in Frankreich zu kaufen. Wochenlang schien es so, als würde sich ein neuer Plan von selbst ergeben. »Ja, ich krieg das hin«, sagte er zu allen Leuten. Doch dann kam die Zeit, da seine Stimmung umschlug und er niedergeschlagen und traurig wurde. Er sagte, Madame Z. hasse jede Veränderung.

»Niemand liebt Veränderung«, sagte Simone. Dr. Z. weinte. »Aber es sind über zwanzig Jahre gewesen. Überleg dir das mal.«

Seine Eltern – ich kannte sie und alle seine lebenden Verwandten, und mir war, als kannte ich auch die Toten. Die Ehe. Oft stritten wir uns über die *Interpretation*, so ergiebig ist der Text der Familie.

Er sagte: »Du erinnerst dich, daß sich meine Eltern jeden Abend zum Dinner umzogen. Mir kam es immer so militärisch vor, wie die Leute auf einem Armeeposten. Seine Schränke waren mit feinen Kleidern gefüllt, einer großen Kollektion von Dinnerjackets für Sommer und Winter, Kummerbundwesten und Lackschuhen mit Schleifen. Glaubst du, daß sie deshalb dachten –«

»Oder vorgaben zu denken«, sagte ich.

»Dachten, daß ich eines Tages ihr ganzes Geld einem Wandermönch in brauner Kutte und Sandalen geben würde?«

Für mich waren die Eltern ein vertracktes Paar. Sie waren in wunderbarer Verfassung, sehr gewissenhaft und besonnen. Und doch sehr empfänglich für feine Bettwäsche, seidene Unterwäsche, weiche Kissen und das korrekte

Schnurren von Haushaltmaschinen. Des Vaters ausgezeichnete Augen, seine gesunden Zähne und sein gutes Tennisspiel bewahrten ihn nicht vor einem frühen Tod. Er starb, kurz bevor wir Holland verließen, und wir nahmen seine letzten Tage mit. Und als wir zurückkehrten, starb die Mutter.

»Es hätte ihnen nicht gefallen«, sagte der Sohn später. »Herzversagen. Ach, das Herz ist schließlich keine Metapher – jedenfalls nicht nur.« Die heimatlichen Hügel im flachen Holland. »Vergiß nicht«, pflegte er zu sagen, »unsere Eltern wurden im vorigen Jahrhundert geboren. Da hat der Kaiser Holz gehackt, um in Form zu bleiben.«

In Amsterdam gab es keine berühmten Exilanten, die in den Bergen wohnten oder sich in Villen mit blühenden Gärten am Meer niedergelassen hatten. Einmal lag eine Woche lang viel Schnee. Wo sind wir, fragten wir uns. In Iowa City? Oft schien es uns, als ob die Straßenbahnen alle nach Hause fuhren. Nachts, wenn wir uns entwurzelt fühlten, weil so vieles vertraut war, erzählten wir einander unsere Lebensgeschichten. In der weichen, muffigen Umarmung des Bettes trieben wir dahin, nicht als Reisende, sondern als würden wir zurückgetragen zu dem Stoff, aus dem die Jugend ist.

Wir waren auf dem Blumenmarkt gewesen – tausend Stillleben. Die Leute, die über die Leidseplein eilten, waren denen, die wir zurückgelassen hatten, gespenstisch ähnlich. Alte Anklagen – das ist das Andenken, das einem von Vätern und Müttern bleibt. Oder sind wir es, in der Erinnerung, die anklagen? So rezitierten wir in der Kälte die Litanei der Verbannten, in der alten Sprache.

Er erinnerte sich, welch eine Enttäuschung er für seinen

Großvater gewesen war, wie der alte Mann, der an Krebs starb, nach ihm rief, dem einzigen Mann in der Familie, seitdem ein gutaussehender Sohn mit dreißig gestorben war. »Wer bist du?« hatte der Großvater immer wieder gefragt. »Ein Jahr schlank und hübsch und im nächsten Jahr massig und mürrisch. Kannst nicht mit dem Gewehr umgehen, kannst kein Pferd reiten. Was für Preise hast du gewonnen, außer für das Sammeln von Schlangen und nicht zusammenpassenden Socken? Auf dem Segelboot eine Bedrohung für alle anderen. Wo stehst du herum, *warum* stehst du da und starrst aufs Wasser? Du ersäufst uns noch alle.«

Die Glut im Ofen starb, der Schnee hing an den Scheiben, die Lampen mit den Fransenschirmen warfen Licht auf die Straße. Wir lagen in den Schatten, hörten zu, wie die Glokken die Stunden einläuteten, rauchten und redeten.

Die Geschichte stürzt sich wütend auf dich, und wenn du überlebst, wirst du der Welt des Klatsches zurückgegeben. Dr. Z. hatte es erlebt. Er war Halbjude und hatte eine Zeitlang in einem Arbeitslager in Deutschland verbracht. Dieser wohlhabende holländische Liebhaber mit seinen nervösen Liaisons und seiner sonderbaren Treue hatte dem Tod ins Auge gesehen, hatte die Vernichtung seines jüngeren Bruders überlebt. Diese Vergangenheit, seine Aura, hielt sich in seinen stolzen olivfarbenen Augen, in seinen Forschungen über verheerende Krankheitskeime im Blut, in seiner dem Tode trotzenden Erotik. Er war ein kleines, pfiffiges europäisches Land, das sich im Frieden sehr vorsichtig bewegte, getrieben von der Kraft grausiger Erinnerungen.

So ist das Leben nach dem Tode: sich noch einmal verlieben, ein kleines Geschäft gründen, Autofahren lernen, Flugreisen machen, im Urlaub in die Sonne fahren.

Nach und nach zeigte sich, daß Simone für die Rolle der Geliebten nicht geschaffen war. Sie sagte: »Diese Sache hat mich sehr verroht. Ich hasse Madame Z. Wer ist sie denn, ein General? Sie scheint uns, die wir hinter der Front stehen, eine Menge Befehle zu erteilen.«

»Haß?« sagte Dr. Z. »Das ist übertrieben. Sie hat ihre Qualitäten.«

Wenn Simone die Frau auf der Straße sah, machte sie kehrt und lief davon. Sie fürchtete sich so, ihr zu begegnen, daß sie keine Freunde mehr besuchte, ohne sich vorher sorgfältig zu erkundigen.

Ihr ganzer Kreis in Amsterdam wurde in die Angelegenheit hineingezogen. Dieser Wunsch, Madame Z. und die Schwester aus ihrem Leben zu verbannen, ist zu Simones Kardinalsgedanken geworden, stellte man fest. Ja, das kleine Mädchen, das die Hände so vieler Nonnen gehalten hat, kann das Fegefeuer von Dr. Z.s verwirrender Natur und seinen widersprüchlichen Absichten nicht ertragen.

Einmal fuhr Madame Z. für einige Wochen nach Paris. »Mit einem Rückfahrschein natürlich«, bemerkte Simone bitter. In ihrer Freiheit fuhren sie und der Doktor über ein Wochenende nach London, um sich die Gemäldegalerien anzusehen. Es war keine glückliche Zeit. Dr. Z. rief dauernd in Paris an, um mit seiner Frau zu sprechen, und in der Praxis, um mit der Schwester zu reden. Erzählte ihnen gewaltige Lügen von einer »Tagung«. Simone verbrachte die meiste Zeit in London damit, daß sie sagte: »Bald ist es vorbei, und dann sind wir wieder dort, wo wir angefangen haben.«

»Liebling, stürz dich nicht in künftige Schmerzen«, sagte der Doktor. Aber alles kam so, wie sie es vorausgesagt hatte. Wieder zu Hause, konnte man Simone an mehreren Abenden der Woche im oberen Stockwerk am Fenster stehen sehen, wie sie auf die Straße hinunterblickte und auf die eilige Ankunft ihres Geliebten wartete. Und spät in der Nacht, wenn er wieder auf dem Weg zu seiner Frau war, pflegte Simone die Fensterläden zu öffnen und dem dunklen, schlecht gekleideten, lebhaften Mann, der jetzt um die Ecke bog und ihren Blicken entschwand, ein langes Lebewohl nachzuwinken.

Dr. Z. war glücklich in seinen Liebesschmerzen. Nichts liebte er mehr, als den Abend in Simones Atelier zu verbringen, Kaffee zu trinken, kleine Schokoladenkuchen zu essen und Gin zu schlürfen. Seine wachsende Verliebtheit war echt, und Simone weinte zornige Tränen angesichts der Aufrichtigkeit seiner Gefühle.

Dr. Z. hatte den menschlichen Körper und seine Abläufe studiert und sagte gern: »Wir Menschen sind *au fond* ganz einfach zusammengesetzt. Ja, ganz einfach. Von dem Teil, der kompliziert ist, haben nicht einmal wir Wissenschaftler eine Ahnung.«

In Liebesdingen schien er dasselbe zu empfinden. Sein beunruhigendes Trio machte ihn oft reizbar, schlaflos, ängstlich, eifersüchtig, sogar betrunken. Aber er kannte auch sehr genau die Niedergeschlagenheit der Resignation und die Qual des Alleinseins. Gequält, angeklagt, schuldbewußt, fand er immer noch Glück darin, am Ende des Tages die weinende Schwester zu trösten, seiner Frau ein *pâté* und Käse mitzubringen und mit Simone am Arm einen dunklen Kanal entlangzuschlendern und dabei »In questa tomba oscura« zu singen. Irgendwie verstand er es, der edlen Komposition eine innige Koketterie zu verleihen.

Während unseres Jahres in Holland schaffte es Simone, einen Ansatz zur Rückgewinnung ihrer Würde zu machen. Sie brach mit dem Doktor und blieb wochenlang zu Hause, um ihm nicht zu begegnen und wieder seiner Leidenschaft zu verfallen. Er pfiff unter ihrem Fenster, Blumentöpfe mit Tulpen wurden abgegeben. »Sieh doch, die Farben! Ein später Mondrian, nicht wahr?« stand auf seinem Kärtchen.

Er rief die Lyrik zu Hilfe:

> Weh mir, wo nehm ich, wenn es Winter wird, die Blumen her, und wo den Sonnenschein und Schatten der Erde? Die Mauern stehen sprachlos und kalt, die Wetterfahne klirrt im Wind.

Eine tiefe Depression kam Simone zu Hilfe, und sie kehrte nicht zu ihm zurück. Er war verletzt, als sie sagte: »Ich glaube, im Augenblick mag ich niemanden, am wenigsten mich selbst.«

Des Doktors Frau und die Schwester empfanden Simones Revolte als Beleidigung; sie klagten sie der Trivialität an, der Oberflächlichkeit, der Herzlosigkeit. Daß er litt, fiel auch auf sie, als wäre es eine ansteckende Krankheit. Seine

Bestürzung, sein Verlust, seine Demütigung waren Beleidigungen für sie selber. Und vielleicht fürchteten die beiden an seine Art so sehr gewöhnten Frauen, daß dieses singuläre Ende leicht zu einem Plural anwachsen konnte.

Liebesaffären mit ihrer Energie und ihrer Hoffnung stellen sich nicht unbegrenzt immer wieder ein. Genauso hört man auf, Tennis zu spielen, im Sommer von einem Ort zum andern zu reisen; man versteht nicht mehr, was einem der Anblick der Anden oder der Säulen von Luxor nutzen soll.

Es wurde allmählich klar, daß Simone nicht ersetzt werden würde. Der arme Dr. Z. mit seinen Treulosigkeiten und angenehmen Lügen, seinen Neuerwerbungen und rührenden Zerrissenheiten – ihn gab es nicht mehr. Diese Eigenschaften verschwanden plötzlich, doch so still und natürlich, daß er der letzte war, der es merkte.

Sagte man nicht von der großen Queen Elizabeth, das Alter habe sie überrascht – wie der Frost über Nacht?

Einige Jahre danach setzte sich die Schwester zur Ruhe und ging zurück nach Hause aufs Land, um sich um ihre alte Mutter zu kümmern. Simone starb. Es stellte sich heraus, daß sie über ein Dutzend Porträts von Dr. Z. gemalt und eines davon zu einem anständigen Preis an ein amerikanisches Museum verkauft hatte. Auf diesem Bild ist Dr. Z. in einem weißen Kittel zu sehen, umgeben von den Instrumenten seines Berufs. An der Wand baumeln an Haken stilisierte Skelette – nicht eines, sondern drei.

1973
Der Doktor und seine Frau sind zu einer Tagung in New York. Ich suche sie in einem schäbigen, deprimierenden Hotel in der 70. Straße auf, wo oft Europäer absteigen, die nicht reich sind.
Sie waren wie zwei Wollpuppen, und ich konnte nicht feststellen, ob die Französin zur Größe des Holländers herangewachsen war, oder ob er sich einfach in höflicher Herablassung zu seiner kleinen französischen Frau hinuntergebeugt hatte. Sie trug noch ihr schwarzes Barett, und ihre Fingernägel schimmerten weinfarben. Sie sprach in Zungen: Holländisch, Deutsch, Französisch und Englisch, so ungezwungen, als suchte sie Kekse auf einem Tablett aus.
Dr. Z. begegnete einem milden New Yorker Wintertag, als wäre er in Sibirien, er trug einen schweren schwarzen Mantel und darunter eine Wollweste und einen dunkelgrauen Pullover; und als er sich in dem Vorzimmer neben der Hotellobby niedersetzte, kamen über seinen Socken graue Winterunterhosen zum Vorschein.
Er redete, erzählte Amsterdamer Klatsch, sprach von seiner Arbeit, von den Hippies im Vondel-Park, wie schrecklich teuer alles sei.
Madame Z. rauchte Zigaretten und hüstelte. Sie studierten beide den Stadtplan, suchten Untergrundbahn- und Buslinien heraus. Die enormen Schwierigkeiten, die der Sparsamkeit in New York entgegenstehen, verwirrten sie, und sie saßen da, als wären sie in den Schlamm einer schrecklichen Fremde gezogen worden. Es war die Konfusion, die ältere, wenig modische Ausländer befällt, wenn sie Amerika besuchen. Sie, die überall gewesen waren, von Dja-

karta bis Tokio und Indien und in allen Ländern Europas.

Dr. Z. lächelte und verneigte sich und lief auf der Suche nach Sitzgelegenheiten und einer ruhigen Ecke umher. Tatsächlich schien er in der New Yorker Luft nach einem Rückhalt für sein Leben in Amsterdam zu tasten, für sein verwittertes kleines Haus an der Amstel mit dem Sprechzimmer im ersten Stock und der Wohnung darüber, mit den alten gemusterten Teppichen, dem Trost der gräßlichen abstrakten Gemälde, Geschenken von Patienten, die an den Wänden des Treppenhauses hingen wie farbige Wasserflecken, die ein alter Rohrbruch hinterlassen hat.
»Wo ist mein Leben?« schien er zu sagen. »Mein Teller mit Essigmuscheln, die Käsestücke, die großen Weingläser mit Gin-Lemon?«
Noch immer flackerte das Bewußtsein der eigenen Wichtigkeit in seinen Augen – seinen Olivenaugen, die noch in dem Öl erinnerter Eitelkeit schimmerten und jederzeit in Tränen auszubrechen drohten über all das, was er in seinem langen Leben gelernt und vergessen hatte.

»Wir in Holland«, sagte er, »haben als erste bestimmte wichtige Blutuntersuchungen durchgeführt. Ich habe mein Labor im Krankenhaus nicht mehr, aber ich verfolge die Entwicklungen auf meinem Gebiet. Wie sollte es anders sein? Ein Lebenswerk.«
Wir in Holland kehrte in seinen Reden immer wieder. Der weite Himmel, den sie durchflogen hatten, und die tiefe Schlucht, in der sie hier gelandet waren, ließen ihn sein Land beschwören wie ein Botschafter.

»Sie erinnern sich bestimmt, daß er sehr bekannt war«, sagte seine Frau ohne besondere Betonung.

»Oh, ich weiß, ich weiß. Ich erinnere mich gut an den bekannten Dr. Z.«

»Genug davon«, sagte er. »Edamer Käse ist besser bekannt als irgendein Mann aus Holland. Es ist gut, sich auch daran zu erinnern.«

Als es gegen sechs war, lud ich sie zu einem Drink in eine irische Bar in der Nähe ein. Der Doktor zuckte erschreckt zurück, aber seine Frau nahm ungestüm an. Ja wirklich, sie hätte sehr gern etwas getrunken, sagte sie seltsam nachdrücklich und trotzig.

Wir saßen in einem dunklen Abteil, und Madame Z. bestellte einen Martini. »Einen amerikanischen Martini«, sagte sie zweimal. Der Doktor sackte über seinem Bier, einem Heineken, in sich zusammen.

»Er unterstützt die heimische Industrie«, sagte seine Frau.

In dem Halbdunkel begann Madame Z. unversehens ihre Tirade, sie strömte in singendem Tonfall und mit erschreckender Energie aus ihr heraus. »Sie hat früher nie sehr viel geredet«, sagte der Doktor mit dem Versuch eines Lächelns. »Man beachte die ungerufenen, unvorhergesehenen Wandlungen des Alters, den Himmel voller fallender Sterne!«

Es war klar, daß ihr Lied nicht neu war und daß sie nur eine Pause machte, um einen neuen Drink zu bestellen.

»Ich habe Holland immer gehaßt«, sagte sie. »Ich bin keine Holländerin. Ich bin Französin, in Paris geboren.«

»Es gibt viele Franzosen«, warf der Doktor ein. »Ich

würde das an sich noch keine besondere Auszeichnung nennen.«

Sie fuhr fort. »Es gibt auch viele Holländer, und die sind alle gleich. Die Männer wie die Frauen. Dieser Provinzialismus. Können Sie sich ein Land vorstellen, das stolz auf spindeldürre Indonesier ist, dunkle, langsame, mürrische Primitive in roten Uniformen? Die *Rijstaffel* – ein Witz! Nüsse und Rosinen und Bananen. Da ist mir ein Hering lieber, wenn ich denn wählen muß ... Und man muß wählen oder verhungern ... Doch am schlimmsten ist, daß die Leute so häßlich sind. Wer kann Männer und Frauen unterscheiden in ihren gemeinen Regenmänteln, ihren dikken Gummisohlen ... Sehen Sie sich die Königin an – ein Witz. Und die alte Wilhelmina in ihren Tweeds wie ein Büffel ... Und das Wetter, dampfend wie die Hölle im Sommer, und das übrige Jahr Nieselregen und Graupel. Was ist los in Amsterdam, können Sie mir das sagen? Irgendwer spielt Orgel in einer Kirche. Sie halten sich für kultiviert, wenn sie Französisch sprechen; aber wenn einer ein Buch schreiben will, schreibt er auf Holländisch, das keiner liest. Und warum sollte man auch? Sogar die Polen sind besser dran. Warschau ist wirklich eine Stadt, nicht bloß ein Kasperle-Theater wie Amsterdam.«

Ihr schwarzes, schwarzes Haar, ihre schwarzen winzigen Schuhe, die Finger mit den weinrot lackierten Nägeln und schwer von roten und grünen Halbedelsteinen, in Gold gefaßt. Sie war wie ein altes glasiertes Gefäß, geädert und rissig, aber immer noch in einem Stück.

Der Doktor zitterte. »Das ist nicht das, was man eine Diskussion nennen könnte«, sagte er. Und sich umwendend versuchte er, den schrecklichen Strom umzulenken. »Ich bin kein Patriot«, sagte er, »aber darf ich nicht trotzdem behaupten, daß die Holländer ein zivilisiertes Volk sind? Ein bißchen ermüdend vielleicht mit ihrem verlorenen Indonesien und all dem, aber ...«

»Indonesien!« kreischte sie, und der Barkeeper zuckte die Achseln. »Wie ihr alle euch immer beklagt habt, wenn ihr dahin fahren mußtet, um eine Vorlesung zu halten, um sie zu beraten, wie ihr es nanntet. Um die reichen Plantagenbesitzer zu besuchen. Die ganze Nacht Wehgeschrei wegen der Wanzen und der Feuchtigkeit. Der Dulderschweiß des edlen Holländers. Stellen Sie sich Holland mit Kolonien vor! Haben Sie schon einmal die sogenannte Stadt Paramaribo gesehen? Sie ist ein Skandal, ein Witz.«

Madame Z. stolperte auf die Füße, erschöpft. Der Doktor nahm ihren Arm und stieß einen Seufzer aus, so tief wie der Tod. Draußen auf der Straße im kalten Wind stützte er seine kleine Frau, die nicht alleine stehen konnte. Sie schwankte an seinem Arm wie eine schwarze Einkaufstasche. Im Moment war sie still, und er versuchte einen leichteren Ton, machte eine geflüsterte Anmerkung.

»Wie Sie sehen, hat sie aufs schlimmste das Trinken angefangen.« Ein Seufzer, dann verbeugte er sich mit einem Anflug seines alten Scheichgehabes und zog mich in seine Erinnerungen.

»Es sind all diese Liebesaffären, besonders die mit Simone. Sie verzeihen einem eben doch nicht. Sie nehmen Rache.«

Der Versuch, die Schuld auf sich zu nehmen, schien den Doktor zu beruhigen, als ob sogar die Rache ihn in seine jüngeren Tage zurückversetzte. Es war nicht klar, ob er glaubte, was er sagte. Die Wehmut seines Lächelns.

Als wir zum Hotel kamen, sagte er bitter: »Es ist erst acht. Aber was sonst könnten wir tun, als ohne Dinner zu Bett zu gehen? Sie wird es ausschlafen und sich an nichts erinnern. So ist es, wenn man trinkt. Es ist mir ein Rätsel. Ja, sie muß ins Bett.«

»Ins Bett!« schrie Madame Z. mit ihrem letzten Atemzug. »Sie sind alle entsetzliche Liebhaber. Schwindler, jeder einzelne von ihnen. Ein Fiasko nach dem andern!«

Sie gingen in die braungraue Halle, alte Kameraden, traurig, doch nicht ganz elend. Sie winken Lebewohl. Er verneigt sich, und jetzt ist sie es, die zwinkert und lächelt. Sie hat den Doktor geschlagen wie die Spanische Furie, aber glücklicherweise ist er den Wind der Nordsee gewöhnt. Ihr Hut sitzt schief, eine Haarsträhne hängt ihr über die Wange. Madame Z. aus Paris war schließlich eine Holländerin geworden, und man brauchte nur ein paar verstreute Austernmuscheln und einen zottigen Hund hinzuzufügen, damit sie an die trinkenden, pfeiferauchenden Frauen auf Gemälden des siebzehnten Jahrhunderts erinnerte. Geschöpfe des Alltags, Bilder, wie sie die holländische Bourgeoisie so gern in Auftrag gab und erwarb.

Neunter Teil

Einige Frauen sind hier in diesem Haus in New York gewesen, haben saubergemacht, schmierige Öfen gereinigt, haben ihre Stunden, ihre Wochen abgearbeitet. Eine war in einer anderen Stadt, in Boston; eine oben in Maine, sie überlebte Winter um Winter, ein Jahrzehnt fiel aufs andere, wie Schnee, der sich lautlos häuft.

Wenn ich an Putzfrauen mit bösen Krankheiten denke, dann denke ich an dich, Josette. Wenn ich bügle oder einen schweren Kochtopf hebe, denke ich an dich, Ida. Wenn ich an Taubheit denke, an Herzleiden und an Sprachen, die ich nicht sprechen kann, denke ich an dich, Angela. Große Waschkübel voller Bettlaken erinnern mich an mehr als eine.

»Ich bin vor langer Zeit als Dienstmädchen nach Maine gekommen«, sagte Ida. »Als junges Mädchen, mit der Familie, ins Sommerhaus. Sie sagten immerzu, wie schön Maine war, und einen Sommer blieb ich einfach hier . . .« Worte einer rauhen und eigenartigen Waschfrau.

Die Leidenschaft für den glatten Kragen unter dem Bügeleisen, für das Surren des Staubsaugers, den Glanz des Bohnerwachses auf dem Fußboden, das aus dem Scheuerlappen gewrungene Schmutzwasser, für Betten, straffgezogen wie ein Verband. Die Kraft der lustvollen Bewegungen, die Weiße der Handtücher, die ausgescheuerten Mülleimer. Grimmige Kämpfe mit dem Ewiggleichen, mit der Faulheit

der andern, den Krümeln und dem Staub, dem Zusammenkehren der Asche, mit klebrigen Eiern, angebrannten Pfannen und verrußten Backöfen. Irgendwann am Tage ist endlich alles an seinem Platz, einen Augenblick lang.
Unerträgliche Seligkeit im Rhythmus der Sklaven. Und hinter den Leidenschaften: Notwendigkeit, Verstellung, Gewohnheit, Wille.
Ich denke an Josette und Ida, denke an sie hier in meinem Arbeitszimmer in New York, in das bald die Motten kommen werden; der Lippenstiftfleck an der weißen Tür wird niemals weggewischt werden, die verlorene Granatnadel nie wieder auftauchen; auch werden die Fenster nie frei sein von den Abgasen alter Lastwagen, und der Wasserhahn wird weiter auf seine grasgrüne Spur tropfen.

Heldinnen, die jeden Morgen den Schlüssel im Schloß herumdrehen, wie eine benötigte Arznei ankommen oder sogar wie der Eintritt vollkommenen Glückes. Josette in Boston, vor langer Zeit. Die Wohltat ihrer weißen Nylon-Uniform, der schweren gummibesohlten Schuhe; das gütige Aufblitzten ihrer grauen falschen Zähne, das straffe graue Haar in einem einfachen Kurzschnitt, die graubraune Haut, kühl wie Stahl. Aus Negativen geformte Schönheit. Sie rannte steile Treppen in der Marlborough Street rauf und runter, die Treppen anderer alter Stadthäuser, heimtückische Verbindungen, Aufstiege, Abstiege, zwischen Räumen und Privilegien, Stufen, die eine Strafe sind für die Beine und das Herz und die Stimmung – nur für die Pracht der Speisezimmer mit zwölf Stühlen an den Wänden entlang und für die großen Rechtecke der Salons, einer nach vorn und einer nach hinten heraus.

Rilke stellte sich vor, daß ein Deckel keinen anderen Wunsch habe, als gerade und fest auf seiner Kanne zu ruhen. Die alten Lichter der Rand Avenue im Sommer, der Sportplatz, die Platzkonzerte – Deckel und Kannen in ihrem Bemühen zusammenzupassen. Und wenn sie passen oder wenn sie zu passen scheinen, solange sie jung sind, so passen die meisten, wenn sie älter werden, nicht mehr und klappern leise.

Josette war kinderlos, hatte aber einen Mann, den sie in der High School kennengelernt hatte – Michael. Ihre Schufterei begann zweifellos in dem Augenblick, als sie sich kennenlernten und ihr Leben aus dieser Begegnung entspringen sahen. Die erste Liebe – alles wird für die Ewigkeit gegeben, und um diese beiden, treu und angsterfüllt, war ein Geheimnis, das Geheimnis von Waisenkindern. Michael war schmerzlich unsicher und dennoch voll Vertrauen. Gemeinsam war ihnen Bescheidenheit und Höflichkeit, die sich aus Armut und Sparsamkeit, aus Sauberkeit und Schüchternheit zusammensetzte. Beide waren in Lawrence, Massachusetts, aufgewachsen, beide stammten aus franko-kanadischen Familien, die hier heruntergekommen waren, um in den Fabriken zu arbeiten.

Boston: eine Pause. Vieles ereignet sich zwischen den Akten. Alles ist zu mir gekommen und mir genommen worden, weil ich von einem Ort zum andern gezogen bin. Wie auch immer, es war irgendwann dort in der schönen Stadt, der Stadt voller Namen.

Connais-tu le pays? Ja, jeder kennt Boston, sogar ich. »Wie geht's dem Mister heute morgen?« pflegte Josette zu fragen. Der Mister? Soll ich sein zerwühltes braunes Haar in rotes verwandeln, wie es nur wenige haben? Schreckliches Durcheinander von Hose und Jacke und der Füße, die in Stretchsocken stecken. Freundliches Lächeln, das kurze Zähne entblößt, Zähne wie die seiner Mutter.

Liebste M.: Du fragst nach seinem Leben in Boston. Es ist seltsam, daß wir, obwohl es doch seine Stadt ist, nicht ganz hierher zu gehören scheinen. Natürlich bin ich wie ein Eskimo, den man in Walfischtran gekleidet in einen Zirkus geschickt hat. Aber er? Sechsunddreißig ist weder jung genug noch alt genug für gewisse Orte, aber vielleicht wird ihn schließlich diese Stadt wieder so interessieren, wie sie ihn interessiert hat, als er jung war. Nun, eine Menge Leute scheinen zu denken, er sei ein Anarchist (sie geben sich alle Mühe, ein bißchen out-of-date zu sein), und oft hat er wirklich das gedankenverlorene Aussehen eines Geheimagenten. Wie immer liest und schreibt er den ganzen Tag, hier in diesem Haus im obersten Stock, trinkt literweise Milch, raucht Zigaretten. Er kann es nicht leiden, wenn ich meine Jazzplatten spiele; aber manchmal tue ich es spät in der Nacht, und dann tanzt er herum, aus dem Takt, wie ein Bär.

Seine Gesundheit? Ganz gut. Es gibt hier einen absurden Zwerg von Arzt, einen Psychiater, sanft wie ein Kaplan, sehr konventionell und schüchtern, der gewöhnt ist, Bostoner Damen aus guten Familien, die zu lange zu Hause geblieben sind, und junge Männer, die in ihren Trusts und Banken nicht sehr erfolgreich sind, zu behandeln und zu beraten. Er scheint da keine Unterschiede zu machen.

Was den Doktor bekümmert und ihn auf seine Uhr blicken läßt, sind lange »freie Assoziationen« über Goethe. ›Ist das ein Verwandter?‹ hat der kleine Doktor schon gefragt. Nun, das ist kein Skandal, denke ich, denn der Mann ist fast ein Jahrhundert nach der Zeit zur Schule gegangen, als man sich in den besseren Kreisen Neu-Englands für deutsche Kultur interessierte.

Wie lange ist es her, Josette? Zwanzig Jahre. Mir fällt, nicht unerwartet, ein Prototyp ein. Eine alte Dame, groß und dünn, die genauso aussah, wie es sich gehört für eine alte Bostoner Lady, die ein *Original* ist.

Das Alter und sehr lange Beine verliehen ihr das Aussehen eines Pferdes. Ihrem Ruf entsprechend, gab sie an Sonntagnachmittagen langweilige Tee-Partys und lud dazu stumpfsinnige Studenten aus Vasallenländern ein, aus Taiwan und Korea. Die gelben Gesichter und glatten Haare der Studenten glitten in das Zwielicht ihrer staubigen Villa in der Nähe des Athenaeums. Die alte Dame wußte ein bißchen, aber nicht viel – wie es so geht, wenn man immer Geld und keinen Beruf gehabt hat –, und so flatterte ihr Geist, schoß hierhin und dorthin und flog davon.

Welch wunderlicher, schamloser Verfall. Was für ein Anblick - umsonst zu haben - geöffnet sonntags, wenn sie auf ihren langen Pferdebeinen durch die hohen Salons galoppierte. Die wiehernde Selbstsicherheit im Ton. Was sie sagte, war: »Wie schade, daß es keine sozialistische Partei mehr gibt.« Oder: »Henry Adams war der häßlichste Mann, der mir je unter die Augen gekommen ist.«

Sie hatte das sonderbare Verlangen, die Gebildeten auf einer Seitenstraße der Unwissenheit zu erwischen. Weil sie eine Bostoner Sehenswürdigkeit war, hatte sie im Laufe ihres Lebens eine Menge begabter Leute kennengelernt.

Sie waren zu ihr in die bedrückenden Salons gekommen, wo sie hinter einem Tablett von angelaufenem Silber saß und englische Muffins anbot, die am Morgen getoastet und nun hart wie Zement waren. Irgendwann im Laufe der Party zeigte sie auf alte Stiche an der Wand und sagte mit einem verstohlenen Lächeln: »Ich habe diese kleinen Dinger einmal Panofsky gezeigt, und er war baff. Absolut baff. Aber, Professor, sagte ich, das sind ganz einfache *vues optiques*. Das ist alles, gewöhnliche *vues optiques*.«

Die hervorstechendste Eigenheit der alten Dame, so lebendig sie war, lag in einem völligen Mangel an Neugier. Lebensgeschichten von Dienstmädchen, von ganzen Gästescharen, wurden von ihr nur zufällig beobachtet, so wie etwas plötzlich auf einem Servierteller aufleuchtet, kurz, verschwommen. Ohne Zweifel war diese Gleichgültigkeit auch der Grund, warum sie Anekdoten liebte, dieses Versatzstück der Konversation mit seiner Pointe.
Dennoch war ihr letztes Lebensjahr ein Wunder. Achtundsiebzigjährig fand sie einen entzückenden Freund. Ein zwitschernder, lebensfroher Vogel von einem jungen Mann kam in die Düsternis des alten Hauses, das seit Jahren nicht gestrichen worden war. Das heißt, er kam als Besucher, beinahe ungestüm glücklich, bei ihr zu sein zwischen den alten Porträts und Kostbarkeiten, den gebrechlichen Chippendalemöbeln, den gefährlich losen Rohrstühlen und den neueren, den aluminiumverpackten Kuchen aus den Gefrierfächern des Kaufhauses. Er war, was damals in altmodischen Kreisen ein »Homo« genannt wurde – und er flatterte aus dem Chaos von Somerville, dem Komposthaufen hinter dem Harvard Yard, zu ihr hinein.

Der junge Mann betete die alte Dame an, und am befriedigendsten von allem war, daß er sie für ein *Original* hielt; er sah sie genau so, wie sie sich selber sah, ohne Vorbehalt. Ja, sie war wirklich eine nachweisbar dem alten Boston entstammende Spezies, und daran konnten sich beide in erstaunlichem Maße begeistern, denn das war genau ihr selbstgeschaffenes »Image«. Er ging – immer im Laufschritt – im Haus ein und aus, ohne auf Einladungen zu warten; er sprang die Treppe hinauf und küßte den verwirrten weißen Kopf; er brachte die Dienstboten mit Imitationen des irischen Dialekts zum Lachen. Er liebte es, sich ihre Familienfotos anzusehen, und wenn er sie auf einem Bild im langen schwarzen Badekostüm auf einem Felsen am Meer sitzen sah, sagte er: »Phantastisch!« Oder hier war sie, vor mehr als einem halben Jahrhundert, auf einer Gartenparty. »Fabelhaft sehen Sie aus«, rief er. »Der Hut, der Hut, hinreißend!«

Es war echt, weil er selbst auch ein Original war, ein lebendiges, kräftiges Unkraut aus Klatsch und Lachen, voller stürmischer Bekenntnisse über Nächte des Vergnügens und der Irrtümer, voll von Kochrezepten mit überraschenden Oliven oder schokoladebestreutem Fisch.

Sie war der Senilität nahe, und er war ein aufgezogenes Spielzeug. Sie hatten viel Spaß miteinander, und als es zu Ende ging, hinterließ sie ihm, in Achtung und Liebe, einen guten Teil ihres Geldes. Sie zahlte ihre Rechnung.

Liebe Leute: Seid nicht zu stolz auf mich. Hütet euch davor.

Liebe Grüße an alle,
Elizabeth

Josette flog durch Boston wie ein Zugvogel. Irische Dienstmädchen, die von ihrer Jugend auf dem Lande her noch im Alter frische Gesichter hatten, erschraken manchmal über ihre graue Industriefarbe, diese verfärbenden Gene der Stahlwerke und Schuhfabriken. Josette kam tageweise, ein Haus montags, ein anderes mittwochs. Die irischen Mädchen kochten morgens Dorsch und abends Suppe und Braten und wohnten in kleinen Zimmern, die in großen Häusern versteckt waren.
Schweres Unheil steckte hinter Josettes geschwinden Schritten. Schläge in der Kindheit. Einmal erzählte sie bei einer Tasse Kaffee, daß sie von jemandem aus der Familie vergewaltigt worden war und nicht hatte verraten wollen, wer es gewesen war. In meiner Vorstellung verband sich dieses Ereignis mit dem Verlust ihrer Zähne, der natürlich erst später kam. Die Kälte Kanadas, feuchter Pelz. Nein, es war nicht das Wichtigste in ihrem Leben gewesen, betonte sie – und lange, lange her.
»Aber du hast es nicht vergessen?« »Vergessen, nein, das nicht«, gab sie zur Antwort.

Josette beschäftigte sich im stillen sehr mit einer monströsen Schwester, die noch in Lawrence lebte. Es war weniger Zuneigung als Verwirrung des Gefühls, was sie von ihr nicht loskommen ließ. Und in gewisser Weise war Josette von der Gewalt der Verirrungen ihrer Schwester fasziniert. Wir fuhren zusammen nach Lawrence, damit ich mich von der zügellosen, interessanten Individualität überzeugen konnte, in der die Schwester, rauh und häßlich wie ein alter Stiefel, lebte oder vielmehr herrschte.
Sie hatte in der Tat nicht ihresgleichen; eine jener besitz-

ergreifenden, gebieterischen Frauen, die fordern und empfangen, andere umschlingen und erdrosseln können – auf eine Art, an die vernünftige Leute nicht im Traum denken. Die Schwester war gebannt vom Schauspiel ihrer eigenen Krankheit, jeder Schmerz wurde zu einem Gefühlsausbruch, sie warf die Magie ihres Leidens wie ein schiefes Lächeln in die Luft. Tief vergrabene Intelligenz gab ihrer Starrheit Dimension, verlieh ihr die Struktur einer intensiv genauen Buchhaltung, fehlerlos, ganz auf sich selbst gerichtet.

Die Schwester saß in ihrem Rollstuhl, eine königliche Herrin ihrer Arthritis – ganz so, wie Strümpfe in »*Queen-size*« für Frauen von 250 bis 300 Pfund angeboten werden.

Sie saß da, kolossal und faszinierend, während sie sich durch die kleine Wohnung rollte, das Obergeschoß einer Hälfte eines alten verfallenden Zwei-Familien-Holzhauses. Die Ärzte hatten – das lag Jahre zurück – darauf bestanden, daß sie nicht gelähmt war. Sie hatten über ihren perversen, entschlossenen Widerstand ärgerlich die Stirn gerunzelt. Egal, sie lehnte Übungen für die Gelenke ab, widersetzte sich Operationen, gab sich nicht die geringste Mühe, schob jeden Vorschlag beiseite, als würde sie von einer Nebenbuhlerin bedroht. Sie wurde massig und hilflos, fett und schwach, verkrüppelt und streitbar. Es war bekannt, daß Josettes Schwester manchmal vor Stolz auf ihren Schmerz und ihr Leiden die ganze Nacht heulte. Die Schreie und Klagen gewannen an Substanz, wenn sie sie detailliert beschrieb wie tief durchdachte Heimsuchungen.

Als ich Josette kennenlernte, hatte ihr der Krebs schon beide Brüste genommen, und von anderen Komplikationen wurde geflüstert. Sie betrachtete die Verstümmelung mit Gelassenheit wie graues Haar und Fältchen in den Augenwinkeln, etwas Langsames und Übliches, einfach *da*.

(Krankheiten: Wenn ich im Lauf des Jahres ab und zu nach Hause flog und auf dem Bluegrass-Airport landete, kam es mir so vor, als wären die liebevollen und fröhlichen Begrüßungen immer vermischt mit dem warmen Händedruck von Diabetes, Leistenbrüchen, Bluthochdruck, Grauem Star, Gebärmutteroperationen, Prostataleiden.)

Die Schwester strich um Josettes verlorene Brüste und ihre Magerkeit herum und legte alles, nachdem sie es in sich aufgenommen hatte, noch immer unter glücklicher Fügung ab.

»Wie Josette herumrennt«, pflegte sie zu sagen. »Ich kann von Glück sagen, wenn ich zur Tür kriechen und mich die Treppe runterstürzen kann, wenn meine Zeit kommt ...« Um ihre Stirn strahlte der Glorienschein der Invalidin.

Dienstbare Engel: sie, streitsüchtig, kleinlich, entstellt und störrisch, hatte vor einigen Jahren einen jungen Mann als Untermieter aufgenommen. So etwas kommt vor. Leute, die kaum Platz haben, um Luft zu holen, nehmen Untermieter auf, und Hungerleider vermieten mit Frühstück. Bald war der Untermieter ein Kamerad, als Komplize so tief wie sie selbst in ihrem wilden, erstarrten Leben gefangen. Er kam, ein hübscher, verschlossener Jüngling, nach seinem Tag in der Fabrik mit den Lebensmitteln. Am Wochenende schob er den Rollstuhl auf die Veranda, und

sonntags hob er meist seine schwere Schutzbefohlene zum Ausflug in seinen Wagen hinein und heraus, mit einer leidenschaftlichen und besonderen Aufmerksamkeit, als wäre dies ein trotziger Triumph.
Er erzählte, und er hörte zu. Beiden gemeinsam war das Mißtrauen gegen die Absichten der Menschen, und ihre Augen glitzerten angesichts der niederschmetternden Neuigkeiten, die er vom Einkaufen mitbrachte, der Pflichtvergessenheit der Nachbarn, des schlechten Charakters der Nachlässigen und Undankbaren.

Während unseres ganzen Besuches lächelte Josette, seufzte und zitterte, wenn das Opfer zur Kuchenplatte rollte, den Kaffee auf den Herd stellte und den Rollstuhl kreisen ließ, um Löffel und Zucker zusammenzuholen. Gegen Ende geriet sie unter den Bann, wurde ernst und demütig. Später bemerkte sie, daß ihre Schwester dicker und dicker werde und gleichzeitig immer mehr zusammenschrumpfe.

Eines Nachts, wenige Monate später, erkrankte die Schwester schwer. Der junge Mann, der ihren Befehl, nicht ins Krankenhaus gebracht zu werden, fürchtete, fürchtete nun den Tod noch mehr. Im Lärm ihrer Schreie und Anklagen rief er den Krankenwagen, und die schwere, schwere Gestalt wurde ins Krankenhaus gefahren, um dort im Warteraum zwischen Verletzten und Jammernden zu liegen, die nichts von Krankheit verstanden und dümmlich das Leben und das Sterben an sich vorbeigehen ließen, ohne etwas von den vielfältigen Möglichkeiten langen Martyriums zu ahnen.

Nicht einer von ihnen, wimmerte sie, kannte solche Jahre im Rollstuhl, wußte etwas von den Notbehelfen, Anpassungen und den inneren Reserven, die sie aufgehäuft hatte.
Zum Schluß hatte die Schwester viele Krankheiten. Aufmerksam, mit weit geöffneten Augen hörte sie zu, wenn sie aufgezählt wurden: Diabetes, Nierenversagen, Herzstörungen und auch Arthritis.

Sie starb. Der junge Mann schloß sich ein, ging kaum noch aus, nur in den Laden, aus dem er sich Lebensmittel holte, die nun aus Fertiggerichten bestanden. »Sie war die einzige Mutter, die ich je hatte«, sagte er. Josette kam von der Messe und der Beerdigung zurück, tief beschämt, doch nicht imstande, sich auf irgend etwas in diesem Leben einen Reim zu machen.

Eine strahlende Nacht in New York. Es ist Samstag, und Leute mit Schulden gehen in Restaurants, springen in Taxis, fahren durch den Tunnel von Osten nach Westen unter dem Park hindurch. Was macht es aus, hier allein zu sein? Schon jetzt, kurz nach acht Uhr abends, beginnen die Lastwagen mit der Auslieferung der *Sunday Times*.

Nach einem, mehr als einem Jahr komme ich zurück zu dir, Josette. In der Zwischenzeit war ich in Honolulu und in Rußland. Sein ganzes Leben lang arbeitet man voller Sorge und liest und liest, und schließlich bekommt man dafür Reisen geschenkt, von denen man nicht weiß, ob man sie machen möchte. In Begleitung anderer, die sich nicht klar darüber sind, ob sie sich gerade jetzt die Zeit nehmen dürfen. Du, Josette, so arm und schwer bedrängt, dich interessiert es vielleicht, daß in den Fluren russischer Hotels viele Putzfrauen herumstehen. Seltsam – sie gehen nicht oft in die Zimmer. Die Reste vom Stör des ersten Tages blieben die ganze Woche auf dem Teller, auf dem Tisch neben dem Bett.

Josette hatte eine Liebesgeschichte. Sie paßte zu ihrem altmodischen Kampf und dem beständigen, langsamen, unbeugsamen Rhythmus der kleinen Erwartung, die gleichwohl erstritten sein will. Michael war ein kleiner, unsicherer Mann, nicht sehr gescheit und immer nervös fleißig. Die Autowerkstatt, in der er arbeitete, erfüllte ihn mit Angst und Liebe, der Angst aus Liebe vielleicht. Flüsternd erzählte er von den Männern in der Werkstatt. Einige verehrte er wegen ihrer Klugheit, Härte und Weltgewandtheit, während ihn andere durch ihre Übellaunigkeit, Trägheit oder Sorglosigkeit beunruhigten. Ohne Schulbildung, immer in Angst, lästig zu sein, glich Michael einem Menschen aus einem früheren Jahrhundert, einem hierarchischen Menschen, der sich selbst ganz unten einordnete.
Er träumte von Autos, und schließlich wurde einer seiner Träume wahr. Er kaufte sich einen gebrauchten Buick. Die Vorzüge des Wagens, der Verbrauch, der tadellose Motor, der niedrige Preis (»Fast gestohlen, so'n guter Wagen«, pflegte er zu sagen) – und er, Michael, am Steuer, konzentriert jedem Knirschen und Aufheulen des Motors lauschend. Er war glücklich, abgesehen davon, daß er in dem Schrecken lebte, ein anderer könnte seinem Wagen eine Beule zufügen.

Manchmal fuhr er am Sonntagmorgen durch die Marlborough Street, um nach unserem Wagen zu sehen. Da stand er mit seinem braunen Hut, tief in Gedanken. Er polierte den Wagen mit einem weichen Tuch, hob die Motorhaube und starrte lange auf das Innere. Inspizierte die Batterie, betrachtete die Reifen.

Josette staubte den ganzen Tag unsere französischen Vasen ab, ging mit dem Staubsauger über die orientalischen Teppiche, bewunderte die marmornen Kaminsimse und brachte die kunstvollen Messinggeräte des Kaminbocks auf Hochglanz. Sie machte die Betten mit den antiken Decken, blickte in die Spiegel mit den Adlern am oberen Rand – und an den Wochenenden und im Urlaub stiegen sie und Michael in den Buick und brachen mit ihrem Wohnwagen auf zu den Campingplätzen.

Sie hatten viele, viele schöne Erinnerungen an fließend Wasser und elektrisches Licht auf diesen Plätzen, an die anderen umherreisenden Leute mit Neuigkeiten von anderen Campingplätzen, guten und schlechten, an die Kameradschaft, die Radios, Bohnenbüchsen für dieses Wunder von einem kleinen Herd, die Bierdosen aus der perfekten Kühlkiste.

Josette schwärmte in ihrer leidenschaftlichen Sauberkeit für kleine Räume, für Metall, das in Blau und Rosa und blassem Grün schimmerte. Sie liebte Kartoffelbrei in Pakkungen und tiefgefrorene Pasteten. Und dann vor allem den Wagen, der Gegenstand, für den sie arbeiteten und sparten. Der Campingplatz selber war die Hymne, die dem Wagen gesungen wurde und die verkündete, daß ein Auto und sein Anhänger in der Tat ihre wahre Heimat war. Das fahrbare Heim, der große Kasten, der auf seinem Stückchen Land ruhte und schlief, der von der Straße träumte, davon träumte, weitergezogen zu werden, immer weiter, irgendwohin ins Jenseits.

Natürlich wurde Michael von einer bösen Krankheit geschlagen, die sein Leben zerbrach. Man kann *natürlich* sagen, weil es in seinem Leben nie sichere Versprechungen gegeben hatte und weil seine Langsamkeit zusammen mit seinem Pflichtgefühl ihn ängstlich machte. Er war einer von den Männern, die sich benahmen, als erwarteten sie jederzeit, angeschrien zu werden, ohne zu wissen, wie man darauf antwortet.
Ein Blutgerinnsel im Bein bedrohte sein Leben und veränderte es augenblicklich. Er wurde nie wieder gesund, und doch stand er auf, schwach und verkrüppelt, wie besessen an seinen Job denkend, seinen Job. Er humpelte zurück in die Autowerkstatt, verzweifelt und ohne sich zu schonen, fühlte sich elend und murmelte, als er das Krankenhaus verließ, während er ängstlich hinter seinen gelblichen Brillengläsern blinzelte, etwas wie »komm in sechs Monaten mal wieder«, und ging doch nie zum Arzt, um nachzufragen, ob alles in Ordnung sei.
Er und so viele andere Arme, die ich kannte, schienen Angst davor zu haben, Ärzte zu behelligen, sich auffällig zu machen oder sich zu beklagen, und so warteten sie einfach, den fernen Arzttermin im Sinn, als warteten sie auf eine Belohnung oder das große Los.

In der Werkstatt, das Gesicht zu einer Grimasse verzogen, die ein Grinsen der Gesundheit sein sollte, verschlechterte sich sein Zustand, und er war gezwungen aufzuhören. Mehrere Wochen gebärdete er sich wie ein Wahnsinniger, und Josette war grau wie der Tod, grau genug für seinen und ihren.

Dann geschah ein Wunder. Michael erhielt eine Hauswartstelle in einem hübschen Haus in der Back Bay, wo er hauptsächlich an der Einrichtung der Souterrainwohnung arbeitete, die man ihnen zuwies.

Er liebte das alles, und plötzlich wurde er auch geliebt. Geliebt von den Mietern, den Eignern – für seine Ordentlichkeit, seine Gutwilligkeit, seine Liebe zu dem Haus. Es erfüllte sein Herz mit leidenschaftlicher Zuneigung, trat an die Stelle, die vorher die Werkstatt innegehabt hatte und die seitdem schmerzlich verwaist war.

An den Abenden strich Michael alle Souterrainwände. Er stellte die schön abgewaschenen Mülltonnen in Reihen. Er verstaute seine Werkzeuge und Schläuche, hängte die Geräte an Nägel, trug Koffer in Schließfächer und leerte manchmal eine ganze Abstellkammer, nur um dann alles der Größe nach wieder einzuordnen.

Die kleine Wohnung mit der halben Küche und der winzigen Kühlbox strahlte und wurde zu dem reinen, sauberen Quadrat, das sie beide liebten. Am Klapptisch beim Abendessen glichen sie nichts so sehr wie seltsamen, abgetragenen, zufriedenen Puppen, die man auf ein Regal gesetzt hat.

Ihre Freude an dieser Wohnung wuchs, und der arme Krüppel hob immer schwerere Lasten, arbeitete härter und härter. Schließlich – in einer ironischen Umkehrung des Geschicks wie in einem bitteren Märchen – erschreckte seine keuchende, besessene Plackerei die Hausbesitzer, weckte in den Gemütern der zufriedenen Mieter ein Gefühl von Vorahnung und Schuld, die Vorstellung, es wäre der Tod selbst, der den Bürgersteig abspritzte und die Türklopfer polierte. Sie überredeten Michael aufzuhören.

Josette und Michael gaben auf und fanden sich in ihr Schicksal. Sie »setzten sich zur Ruhe« und zogen mit einer armseligen Rente nach Florida, wo die Sonne auf die Campingplätze schien. Auch der Buick wurde pensioniert und verwandelte sich in ein Wohnmobil.

Ein Jahr später erhielt ich eine Karte von Josette: »Ich habe Michael verloren. Er starb plötzlich am Packtisch eines Supermarktes, wo er arbeitete.«

Ich sehe rosa Lichter in ihrem Wohnwagen, und Josette und Michael sitzen vor dem Fernseher, Seite an Seite mit anderen in ähnlichen pastellfarbenen Rechtecken. Was sie lieben, ist geschlossen, geordnet und tröstlich, es gleicht einem alten Waisenhaus, ein betriebsamer, begrenzter Raum, wo sich Gleichgesinnte versammeln.

Vielleicht scheint es ihnen, daß sie ihr bisheriges Leben in einem zweifelhaften Pflegeheim verbracht hatten, in einem jener Totenhäuser – schlauen, berechnenden Privatheimen, in einem Grab von Fremden. Ihr Campingplatz – endlich haben sie ihn erreicht, verdient.

Der Wohnwagen ist ordentlich wie die anderen. Hübsch und sauber, aber das Gegenteil von spartanischer Zweckmäßigkeit. Stattdessen leben sie in einer Verkleidung, einer Schöpfung der Phantasie. Jeder Gegenstand hat eine Form, die ihm fremd ist. Eine Uhr ist ein Schiffsruder, das blaue

Aluminium an der Außenwand geht unten in die braune Dunkelheit von Mauern über, die aussehen sollen wie die Kellerwände eines Schlosses. Frühe amerikanische Flikkenteppiche aus Nylon, kleine weiße Lattenzäune, Schaukelstühle aus knorriger Kiefer, viele Dinge, die auf seltsame Art nach »Großmutter« aussehen.
Der Regen auf dem flachen Blechdach – ein schönes Geräusch. Draußen wird der warme Staub zu Schlamm.

Josette – ihr ganzes Grau war lichterfüllt, und es macht mich verlegen, von einem Menschen zu sprechen, der so gut war. Einmal kam sie mit einem weinroten flachen Hut auf ihrem harten Haar zu Besuch nach New York, als die beiden noch in der Sicherheit ihrer Kellerwohnung lebten. »Aber Sie haben ja alles von Boston mitgebracht!« sagte sie. Die echte Kommode und die falsche Anrichte.

Ich bin sicher, daß auch sie gestorben ist. Ihm war ein schwaches Herz beschieden und ihr der Krebs. Sie sind beide dahin – alle ihre Fragen unbeantwortet.

Nach dem Tod ihrer geliebten Dienerin Rose sprachen die Goncourts von den fünfundzwanzig Jahren mit ihr, von ihrer Sorge um sie, von geteilten Freuden und Leiden, von ihrer Ergebenheit. »Sie war ein Mensch, wie man ihn gerne um sich hätte, wenn einem zum letzten Mal die Augen geschlossen werden.«
An dem Tag, an dem Rose starb, wurden sie – »die Ironie der Dinge!« – zum ersten Mal zum Diner bei der Prinzessin Mathilde eingeladen. Ein paar Tage später erfuhren sie von Roses wirklichem Leben, von ihren »nächtlichen Or-

gien«, ihren heimlichen Niederkünften, ihren Schulden, ihrer eifersüchtigen, häßlichen Leidenschaft für den Sohn der Milchfrau, einer Leidenschaft, die sie umbrachte, da sie Nacht für Nacht im Regen stand, um ihm nachzuspionieren. Und was lernten die Goncourts aus diesen Enthüllungen? Jederzeit »mißtrauisch gegenüber dem ganzen weiblichen Geschlecht« zu sein und nie den »Genius der Frau für die Lüge« zu vergessen.

Wieder ein Sommer, jetzt 1972. Idas Sommerhaus ist von Nebel umschlossen. Ein Fenster steht offen, also ist sie noch da. Und da sie lebt, wäscht sie die Wäsche der Leute – aus einer Tatsache ergibt sich die nächste.

Maine. Karibu und Elch, ehrfurchtgebietende, seltene Tiere. Im Sommer harte, wuchernde Wildblumen, Beeren an den Zweigen der Bergesche, Stare in den Erlen, die spinnenartigen Sträucher alter Brombeerbüsche. Ein Hitzeschwall dringt in den Ort wie das Gebrüll der Motorräder am Sonntag. Doch die Abenddämmerung wird trotzdem einen kühlen Wind bringen, der an den Fenstern rüttelt. Die Inseln sind voll von wohlhabenden eisgrauen Menschen von der Spezies des Urlaub machenden Amerikaners. Jemand läuft Wasserski in der Bucht, ein beinahe unschicklicher Anblick. Wenn die Hitze andauert, droht der Wildnis Trockenheit und Feuer. Hier oben im Norden gibt es keinen richtigen Sommer ohne Exzesse; der Exzeß, der Sommer heißt, bedroht die von Natur aus feuchten und winderfüllten Wälder, die einem, auch wenn man sie nie gesehen hat, vor Augen stehen.

Hinter Idas Haustür stehen ihre großen schwarzen Überschuhe, im August eine Vorahnung des Winters in Maine. Sie weiß, wo sie ist. Genauso, wie ein Kinderschlitten den ganzen Sommer an der Tür eines Hauses in der Stadt lehnt. Bei Ida kochen rote Beete auf dem Herd, und sie pökelt Rindfleisch ein. Der gleichmäßige Rhythmus ihres Tages, ihrer Jahreszeiten. Zum Frühstück dicke Schinkenscheiben, eine große schwarze Pfanne, in der Spiegeleier wie Wasserlilien schwimmen. Während sie braten, mustert Ida den Himmel von heute.

Großer Kopf, große Zähne, große Pantoffeln und die großen Arme, die ein Leben lang gewrungen haben, gehoben und gezogen. Alle großen Körperteile schmerzen auf irgendeine Weise, so kraftvoll sie sind.

1950

Heute abend bin ich Ida zum ersten Mal begegnet. Zweimal in der Woche wird sie von dem Inhaber des Eisenwarengeschäftes durch die Stadt gefahren und liefert ihre Wäsche ab. Stöhnen und lautes, heiseres Gelächter, wenn sie zuerst sich selber und dann die Wäschekörbe vom durchgesessenen Rücksitz hebt. Damals nicht weit über dreißig, doch keine Spur von Jugend, außer den Locken, die von Spangen hinter den Ohren geformt wurden. Rötliche Locken, ein großes rundes, rötliches Gesicht, und auch die Stimme groß und rötlich.

Der Weidenkorb ist schwer von den Leinentüchern, Kissenbezügen und weißen Handtüchern. Obenauf sauber gefaltet die Blusen, die seidenen Nachthemden und Unterröcke, die sie als »Leibwäsche« bezeichnet. Das Geld wird ihr abgezählt, und weiter geht es zum nächsten Haus im

Viertel und dann hinunter zu den großen Sommerhäusern, die auf die Bucht hinausblicken. Mäkelnde Kunden murmeln von Brandflecken, aber leise, weil bekannt ist, daß Ida sich nichts gefallen läßt und leicht in eine Wut gerät, die ihren hellrosa Augen einen starrenden Boxerausdruck gibt.

»Der Frühling war furchtbar naß«, schreit sie. »Die Kartoffeln sind das reine Wasser.«

Ihr lyrisches Vokabular spart sie für ihre Arbeit auf. Sie gesteht, daß sie Wäsche auf der Leine liebt. »Das ist so schön und frisch«, betont sie mit hellerer Stimme.

Idas flaches Haus steht auf einem Hügel an einem Fluß, der dem Wechsel der Gezeiten unterworfen ist. Das Haus gehört ihr, sie hat es bezahlt, hat es gebaut, und all die Jahre hat sie es kaum verlassen. Keine Familie und, wie bei Leuten vom Lande üblich, keine Freunde. Nachbarn ja, die fahren sie gelegentlich zum Markt nach Bucksport. Sie kauft gewaltige Laibe Weißbrot und noch dies und das vom Lebensmittelauto, das einmal in der Woche vorbeikommt, und dann macht sie den ganzen Sommer lang in der Küche ein – für den langen Winter. Sie ist zu schwer und zu eigensinnig, um zu reisen, zu schwierig und unabhängig für irgendwas außer Arbeit.

Die sechziger Jahre – vielleicht war ihr Haus schuld, da in der Stille, sehr sichtbar, wenn auch nicht einladend. Ordentlich und stämmig auf seinem Zementfundament.

Der Wind schüttelte die Bäume, der Briefkasten rostete, der kälteste der Sterne schien nachts genau über dem Dach des kleinen Hauses zu stehen. Aber drinnen war diese dicke, kräftige Frau und der glänzende schwarze Ofen, der Tag und Nacht Wärme ausstrahlte, und das breite alte Federbett mit den eichenen Bettpfosten und den Steppdecken.

Die Katastrophe kam in den frühen Sechzigern. Ein gewisser Herman begann Ida zu besuchen, ein Mann aus dem Ort, aus einer eingesessenen Familie. Er kam und ging, erschien und verschwand und ließ sich in einer Hütte neben der seines alten Vaters nieder. Manchmal kam er für ein Jahr und ging ebenso lange fort, manchmal blieb er nur ein paar Monate. Er murmelte etwas von Arbeit irgendwo auf Schiffen, da er am Meer aufgewachsen war, sprach vom Muschelfang oder vom Garneelenfischen im Süden.

Er war dunkel, dünn und groß, von einer unangenehmen, verschrobenen, einsiedlerischen Introvertiertheit, die hier und da von irritierenden Stößen plötzlicher Erinnerungen durchbrochen wurde. Während dieser Berichte aus seiner Vergangenheit tauchten seine langen gelben Zähne wie Nebellichter zwischen den schweigsamen Lippen auf, funkelten seine ruhelosen Augen in Gedanken an Zechtouren, an seinen Dienst auf Jachten in der Karibik.

Über diese Behauptungen pflegte Ida später höhnisch zu sagen: »Lieber würd ich einen Pavian ohne Daumen an Bord haben.«

Seine Perioden der Erstarrung hatten indessen Inhalt: mürrische Intrigen, kleinliche Manöver, Diebstähle und Borgereien, dumpfe Pläne für seltsame Geschäfte.

Am schrecklichsten ist Herman anzusehen, wenn er Freitag nachmittags zusammengekauert auf dem Rücksitz des

Wagens zwischen den Wäschekörben hockt, kummervoll stierend, manchmal aber auch mit geschäftiger Miene, als wäre er Idas Manager.

Eine Zeitlang ist er sicher in dem großen Federbett. Doch es blieb das Problem, was er den Tag über machen sollte, wenn die Kessel kochten, der Wringer quietschte, das Bügeleisen das Haus mit seinem Dampfgeruch erfüllte. Sie standen bei Tagesanbruch auf; und manchmal ging er um sieben »die Straße runter« und verbrachte den Vormittag damit, sich mit den Männern auf der Werft, den Bootsbauern in ihren überfüllten Schuppen zu unterhalten. Mittags ging er nach Hause, um gekochten Kohl und Kartoffeln zu essen, Eintopf, und um das Bier zu trinken, das er von dem Geld aus der kleinen, hinter dem Ofen versteckten Blechschachtel gekauft hatte.

Allmählich begann das Mahlen der alten Wäschereigeräte auf Herman eine unheilvolle Wirkung auszuüben, und man hörte ihn Flüche gegen sie ausstoßen. Ida setzte sich kreischend zur Wehr, und sie gerieten in ihren Rhythmus von Überfall und Gegenangriff. Ida liebte Streit und Auseinandersetzungen und war als gefährlicher Gegner bekannt. Von Natur aus haßte sie alles, was Herman war – faul, unzuverlässig, ein umherschweifender Einzelgänger mit einem mürrischen und unselbständigen Wesen, der sich irgendwo festsetzte, wenn ihn die Not dazu trieb.

Der Winter senkte sich auf sie. Die Jahreszeit der Selbstmorde kam früh. Nachdem Schnee gefallen war, verfiel das Land in Mondesstarre, teuflisch und strahlend. Die hohen Bäume, von Schnee und Eis verwandelt, ragten in die arktische Landschaft wie prähistorische, unheilverkündende Formationen von heimtückischer Pracht. Die kleinen Häuser an der Straße mit ihren Öfen und Heizungen, die Wärme ausstrahlten, ihren Lampen, die zitternd in der Weiße glühten, hätten Siedlungen sein können, die auf das Verhängnis warteten, das eines Nachts schweigend über sie kommen wird.

Enge und Abgeschlossenheit lasten wie ein Alptraum auf dem Häuschen, zwei erstarrte, kampflustige Energien. »Worüber hätte dieser Mann im Winter sprechen können, er wußte ja nichts«, sagte sie.
Aus dem Bett und in die Küche – sie begrüßt die eisige Dämmerung wie immer. Er – dunkel, gelblich-blaß, kränklich. Sie wurden beide langsam verrückt, und die Glut des Herdes, auf dem das Bügeleisen erhitzt wurde und das Essen kochte, war die Glut der Hölle.
Wenn Tauwetter kam, löste sich Hermans Verdrossenheit in eine glitzernde, nervöse Bosheit auf. Mittlerweile hatte Ida gelernt, daß er die Seele und den Leib eines Sträflings hatte. Er war immer mal wieder im Gefängnis gewesen, manchmal sogar freiwillig, um der Kälte zu entfliehen oder um einfach irgendwo zu sein. Auf diese Weise war er auch zu ihr gekommen – eine Gefängnisstrafe.
Aber so etwas wie die Hoffnung auf Begnadigung schien über ihn gekommen zu sein, und unklare Pläne gingen ihm wieder einmal durch den Kopf. Er murmelte, das Haus gehöre zur Hälfte ihm, und schon beim Klang der Worte begann Ida so laut zu schreien und so wild zu streiten, daß jemand die Polizei rief. Die Nachbarn

redeten darüber, wer von den beiden zuerst tot sein würde.

Eines Tages verschwand Herman für immer. Er nahm mit, was er an Brauchbarem im Hause finden konnte, ihr bißchen Bargeld, eine Kriegsanleihe, ihr Sparbuch, das er in den Rinnstein warf, eine wertlose Brosche. Die Wut über diese Dinge wuchs in Ida derart an, daß sie für ein paar Monate in eine Nervenklinik gebracht wurde.
Dort erzwang sie brüllend und kratzend und drohend die Entlassung, kehrte in ihr Haus zurück, zu ihren Wäschekörben, ihren Töpfen mit gekochtem Rindfleisch und Rüben, dem vertrauten Bügelbrett und dem Scheuereimer.

Und jetzt dieser Sommer. Ein Sommer zuviel mit den Möwen, dem Kreischen der kleinen Boote an der Kette, dem schmutzigen Meer, den kranken Muscheln. Vor ein paar Stunden fuhr ich zu Idas Haus, klopfte an die verriegelte Fliegengittertür, empfand etwas wie Furcht. O Gott, das ist sie, häßlich, häßlich, schorfig von einem schrecklichen Hautausschlag, schwerfällig in dem baumwollenen Hauskleid, mit schmerzhafter, schwerer Langsamkeit in ihren Pantoffeln zur Tür schlurfend. Sie ist übertrieben fröhlich. Die Wäschekörbe, die darauf warten, aufgeladen zu werden, sind jetzt aus roten und blauen Plastikgittern.
Ihre großen muskulösen Arme halten mich kurz in erdrückender Umarmung fest. Der Geruch der Wäsche gleicht wahrhaftig bitterem, heiligem Weihrauch. Idas kurzes Haar ist feucht, die Beine sind geschwollen, die

dicken schmerzenden Fußgelenke scheinen zu stöhnen, als sie ihr Gewicht vor sich herschiebt. Da steht sie, und die großen Zähne leuchten in ihrem runden glühenden Gesicht. Ach, Ida!
Einen Augenblick steht sie genau vor ihrer neuen weißen Waschmaschine, als warte sie darauf, fotografiert zu werden – wild, voller Wunder, mit dem zweideutigen Lächeln einer alten Herdgöttin, einer Ikone, der nie ein Opfer ohne Murren dargebracht wurde.

Zehnter Teil

Eine Begabung zum Leben. Einen kannte ich, der besaß sie und wurde ermordet. In jener Nacht wohnte ich in Connecticut, in einem neuen Haus, das viele alte Dinge enthielt, Bücher und Bilder, die in den zwanziger Jahren im letzten Augenblick aus St. Petersburg herausgebracht worden waren. Die Buchstaben des russischen Alphabets waren überall, auf den Rücken der Kochbücher über dem Wandofen, in den Gedichtsammlungen am Bett, in den großen Kunstbüchern, die neben dem Kamin gestapelt dalagen. Aus der neuen Welt in die Neue Welt, so viel Altes. In diesem Sommer war es mir wie eine gute Idee erschienen, mein Haus in Maine zu vermieten, um es mit Connecticut zu versuchen.

In den Abendnachrichten hörte ich seinen Namen, und ich sah, wie die Polizei die Leiche, mit einer Plane zugedeckt, aus dem Apartment-Haus der 50. Straße in New York trug. Sein Name wurde genannt, sein voller Name, nicht ganz der, bei dem wir ihn riefen. Er, sein Name, die Türen, die sich zur Straße öffneten, die Leiche, die ins Schauhaus gebracht wurde, rauschten schnell und im Stakkato vorbei wie der Wetterbericht – es sollte wärmer werden – und die Baseball-Ergebnisse. Auf einem anderen Kanal, rasch umgeschaltet, fand ich ihn noch einmal. In seiner eigenen Wohnung erschossen, in der Nacht. Ein Fremder? Welche Macht Fremde haben können!

Der Mord wurde nie aufgeklärt, und bald hörte man nichts mehr davon. Aus irgendeinem Grunde dauerte es ein ganzes Jahr, bis seine Freunde sich zusammenfanden und eine verspätete, milde, vage Gedächtnisfeier in St. Bartholomew's abhielten.

Ein Mord ist eine Herausforderung, eine Peinlichkeit; für das Innenleben des Toten fast eine Entehrung – wie andere gewaltsame Ereignisse, die ohne Warnung über einen hereinbrechen. Es ist nicht sicher, daß man sich nicht selber auf unvorsichtige oder zwanghafte Art einem Mörder in den Weg gestellt hat. Vielleicht weil es einen erregte – das ist das Schlimmste. Der Pfad eines Mörders, du kannst ihn kreuzen, du kannst es lassen. Nimm diese Straße, nimm diese Hand.
Seine Wohnung war spektakulär. Mit einem teuren Blick, genau das, was er sich immer wünschte, sagten alle. Er hatte angefangen, Geld zu machen, war nur kurze Zeit in seinem prächtigen Turm gewesen, und die Zeit hatte er wie eine einzige lange Dinnerparty verbracht – da endlich hatte er den angemessenen Rahmen für seine Begabung zum Leben. So schnell zu verschwinden, ohne es zu ahnen oder etwas sagen zu können, ohne daß der Körper sich auf Unheil vorbereiten konnte, ohne Indizien – das hinterließ eine große Leere. Es war kein zivilisierter Tod mit seinen Dokumenten über verkalkte Arterien, über wild wuchernde Tumore, letzte Minuten. Es war mehr wie ein Naturereignis.

Miss Lavore. Es ist viele, viele Jahre her, daß ich sie in den Fluren der Gästehäuser in der Nähe der Columbia University vorübergehen, vorüberstampfen sah, schwer und in Gedanken verloren und doch mit Schwung, mit der Eitelkeit eines Lastwagens, der durch die Straßen dröhnt. Miss Lavore: da war nun wirklich eine Kriegerin mit roten Federn im Haar und der Bemalung von vielen Kriegszügen auf den vollen Wangen.

In diesen Häusern mit ihren Einzelzimmern und gemeinsamen Küchen und Badezimmern wohnten Studentinnen, von denen einige *The Faerie Queene* lasen, und Frauen, die jeden Tag zur Arbeit gingen. Die Berufstätigen waren gesprächig und doch extrem ausweichend. Sie hatten in vielen solchen Häusern gelebt, und die Erfahrung hatte sie gelehrt, daß freundliche Verbindungen in Augenblicken zerstört werden konnten. Daher ihre geschwätzige umgängliche Zurückhaltung. Diese Frauen, die schon jahrelang einen festen Job hatten, fürchteten sich davor, eine Wohnung zu mieten, hatten Angst, Möbel zu kaufen, und deshalb lebten sie in einem solchen Haus.

Wie auch immer, sie hängten Gardinen auf, legten Deckchen auf die Ahornmöbel, besorgten eine bessere Leselampe, um die vom Büro ermüdeten Augen zu schonen.

Und dennoch sprachen die Frauen oft und ausführlich über die Erinnerungen an die Häuser ihrer Jugend. Sie erinnerten sich an Rosenteller an den Wänden, an Kerzenhalter aus Messing, an Silberlöffel, laut tickende Uhren mit verzierten Zifferblättern, verblichene Tagesdecken, Kästchen aus Rosenholz.

Vielleicht war nur wenig davon wahr. Geheimtuerische Leute neigen dazu, Erinnerungen zu verallgemeinern, unauffällig zu überarbeiten und zu versüßen. Nicht eine der

Frauen verriet, wo sie arbeitete. Und jede liebte ihr strafendes Schild mit dem vielfach unterstrichenen *Bitte die Wanne nach Benutzung säubern.*
Sie kochten sich ihr bescheidenes Essen, und die Papierkörbe ergänzten ihre Geschichte mit Crackerbüchsen, Bonbonpackungen und Hot-Dog-Kartons.

Miss Lavore hatte ein Leben. Fast jeden Abend in der Woche besuchte sie Arthur Murrays Tanzschule. Ein Bild von Murray und seiner Frau mit ihren Autogrammen hing gerahmt über ihrem Bett. Es wäre allzu blumig, wollte man sagen, es hing da wie eine Ikone; zweifellos aber erfüllten die beiden weltlichen Personen Miss Lavores Herz mit Dankbarkeit. Man könnte sagen, sie hatten ihr Leben verändert.
Miss Lavore war Ende fünfzig, groß, stark und reizlos. Nach der Arbeit fuhr sie mit der Untergrundbahn nach Hause, kehrte voller Energie für den Tanz heim, für die Abende in der Gemeinschaft der Tänzer. Sie kochte sich ein eher gehaltvolleres Abendessen als die anderen, hörte ein bißchen Radio, duschte und erschien dann wieder in Kleidern mit weiten Röcken. Sie waren von den lautesten, grellsten Farben: blau wie Rotkehlcheneier, kirschrot und giftgrün. Dazu trug sie ihre haltbaren schwarzen Wildlederpumps. Farbige Glasohrringe und Nadeln paßten zu ihren leuchtenden Kleidern. Eau de Cologne von Coty auf den kräftigen Armen. Sie war ein beängstigender Anblick.
So lief sie los, auf zehn Jahre Mitglied eines besonderen Arthur-Murray-Kurses, nahm teil an Partys, Jubiläen, Übungen, Preisausschreiben und Wettbewerben. Um Mitternacht war sie wieder da.

Wenn andere Frauen sahen, welche Form Miss Lavore ihrem Leben gegeben hatte, erkundigten sie sich manchmal schüchtern nach der Möglichkeit, an dieser Nachtwelt teilzunehmen, die ja schließlich zu erwerben war.
Miss Lavore besaß die Skepsis der Erfahrung, die Überlegenheit ihrer beim Walzer errungenen Pokale, ihre Urkunden, ihre Souvenirs. Sie kannte sich aus. Die raschelnden Kleider hatten Jahr für Jahr ihren Dienst getan.
Auf die Fragen der Damen antwortete sie: »Haben Sie schon mal an Bowling gedacht? Da ist allerhand los, wenn man erst mal drin ist.« Bestand eine Dame auf dem Tanz, gewährte sie auf den Korridoren vernichtende Interviews, in denen sich die Duldsamkeit und Resignation eines alten Buchhalters, der alle Lügen durchschaut, mischten.
»Tanzen Sie überhaupt? Nun sagen Sie mir mal, was Sie unter ›ein wenig‹ verstehen? Tango? Rumba?«
»Der Walzer, meine Liebe, ist nicht so leicht, wie er aussieht.«
Welche Lust funkelte in ihren Augen! Ausdrücke wie »dieser Mann« und »mein Partner« unterstrichen ihre Rede wie mit Trommelschlägen. Mehrere Abende in der Woche lag sie in den Armen vieler Tanzpartner, neuer Mitglieder und alter. In der Tanzschule gab es Musik, Fruchtbowle und das Kitzeln von Bärten an ihrer Wange. Und zum Schluß Händeschütteln und Umarmungen, ein kleiner Scherz zum Lebewohl für die Mitarbeiter und ein forschendes, ermutigendes Lächeln für die schüchternen Anfänger.

Eines Abends fuhr ich mit der Untergrundbahn nach Hause und sah sie am anderen Ende des Wagens. Sie war, so schien es, in eine angenehme, schwerverdiente Müdigkeit eingehüllt. In der Hand hielt sie eine blumenbemalte Schachtel, und als sie sie öffnete, war ein großes Stück Torte darin, mit rosa und weißem Zuckerguß verziert, so wie man sie für Feiern bestellt.

Sie aß die Torte, legte die Seidenschleife wieder um die Schachtel und steckte sie in ihre große schwarze Handtasche. Zu Hause würde sie ihren Platz auf dem Tisch finden, der in ihrem Zimmer für glückliche Erinnerungen reserviert war. Glückliche Erinnerungen, Triumphe, das Hauptbuch ihres Lebens, auf Tischen und Kommoden ausgebreitet, in Seidenpapier gewickelt. Es wurde mehr und mehr.

Am späten Abend war Miss Lavore ein Wesen des Übergangs, das in dem unbestimmten Augenblick zwischen Nacht und Tag umherwanderte. Über ihrem grünen Kleid trug sie einen schweren, schwarzen Tuchmantel. Die grünen Ohrringe baumelten unter einem grauen Filzhut hervor, der wie ein Kissen geformt war. Eine graue Locke fiel auf eine randlose Brille, die ich an ihr nie zuvor gesehen hatte. Langsam trieb sie in den Körper derjenigen hinein, die morgens Jahr um Jahr zur Arbeit ging.

Plötzlich fielen ihr die Augen zu, von der Bewegung des Zuges eingelullt. Mit einem tiefen Seufzer nickte sie ein, und der Kissenhut rutschte ihr in die Stirn.

An der Station 110. Straße wachte sie mit einem Ruck auf – der Wecker der Erfahrung – und sammelte sich, um die Treppe zur Straße hinaufzusteigen. Sie ging durch die Dunkelheit, und in den Lichtstreifen schimmerten hier und da ihre Ohrringe auf.

Damals kam mir der Gedanke, daß ihr Name wahrschein-

lich gar nicht Lavore war. Das war ihr grüner und vogeleiblauer Name, nicht die Signatur des schwarzen Mantels und der randlosen Brille.
In ihren Träumen ist sie der Teil eines Paares, und wenn sie sich dreht und neigt, wird sie von einem schlanken Mann in einem schwarzen Frack gehalten, einem Mann mit einem Namen vom Balkan, wie die Leute im Zirkus sie tragen. Sie wirbelt um ihn herum, farbenprächtig wie ein Kakadu in einem Käfig. Sie sind Lavore und –, das berühmte europäische Tanzpaar.

Wir kamen an geöffneten Bars und geschlossenen Geschäften vorbei. Eine Ecke war verlassen, als hätte eine ganze Straßenseite ihre Lampen gelöscht und die Augen geschlossen. An einer anderen Ecke standen Leute in Gruppen, munter, schlaflos, und sahen sich nach der nächsten Etappe einer Nacht um, die gerade erst begonnen hatte. Eine Frau in weißen Schwesternschuhen wurde im Rot der Ampel sichtbar. Miss Lavore und die Schwester stehen einen Augenblick nebeneinander. Sie sehen einander kurz an. Das letzte ersterbende Flackern von Neugier in zwei Herzen, die schon an der Schwelle des Schlafes schlagen.
Ein Taxi hält an der Bordschwelle, ein junger Mann springt heraus, um die *Daily News* zu kaufen, steigt wieder ein. Miss Lavore zögert, als fiele ihr selbst plötzlich ein, daß dieses eine Möglichkeit ist, den Abend zu verlängern. Aber sie interessiert sich nicht für die Nachrichten.
Eine Sirene erfüllt plötzlich die Luft und verstummt wieder. Schließlich nicken Miss Lavore und ich im Fahrstuhl einander zu und schlüpfen in den Vorraum der seltsamen

Wohnung mit ihren abgesonderten Zellen, die ein unermeßliches überwältigendes Privatleben beschützen. Sie geht nach links, und ich gehe nach rechts. Türen öffnen sich und Augen spähen, um die Eindringlinge abzuschätzen; die vorsichtigen Türangeln quietschen eine Art von Anklage.

Jemand läßt ein Bad einlaufen, jemand hört im Radio einen späten Prediger. Er bittet um Spenden für »unsere Gemeinde«. Postfach 234 für die Unkosten beim Werk Gottes. Und dann singen ein Mann und eine Frau gemeinsam »Liebe erhob mich«.

... erhob mich von den Wassern, und ich bin gerettet ...

Schon gut, schon gut. Morgen wird eine der jungen Frauen ihre Koffer nehmen und für immer fortgehen, denn es ist nie ihre Absicht gewesen, länger zu bleiben. Bei den älteren Frauen ist es anders. Sie sind wie arme Viehhirten in einer Trockenheit. Ärgerliche Wartezeiten in der Küche, Irritationen über die Gewohnheiten vom Fremden, Alpträume. Was als frischer Aufbruch begann, kann sich über Nacht in eine Wüstenei verwandeln, voller Schrekken, voller Unmöglichkeit. Zieh also weiter. Versuche es mit einem ähnlichen Arrangement am River Side Drive. Aber trotzig, als ob du sagen wolltest: Man kann etwas Ruiniertes nicht mehr zerstören.

1973

Liebste M.: Ich habe das große Haus in Maine verkauft und will mir einen neuen Ort zum Leben schaffen, und dazu möchte ich die alte Scheune am Wasser umbauen. Ich will nicht sagen, einen neuen Ort für ein neues Leben. Müßte man dazu nicht auf so etwas wie eine Insel gehen, ohne Zeitungen, Bücher und Freunde? Das Neue verlangt ein gemäßigtes Klima, nicht wahr? Ich will in den drei oder vier Städten meines Lebens bleiben – und in dem Klima, das in jeder auf seine besondere Art rauh ist.

»Vorhandene Scheune« heißt es auf den Zeichnungen des Architekten. Aber ich fürchte die Metamorphose, die Reise der Spezies. Die Scheune war, wie alle Scheunen, denke ich, einst für Rinder und Heu bestimmt. Später kam sie auf uns, besonders auf ihn, der fortgegangen ist, und diente als Zufluchtsstätte mit einem drohenden Schwalbennest neben der Tür.

Wird die Scheune einverstanden sein, das zu werden, was ich aus ihr machen will? Ich weiß es nicht. Manchmal bin ich davon überzeugt, daß ich für einen Reifenhändler aus Bangor baue, dessen Frau nicht freundlich zu den Wunden eines solchen Gebäudes sein wird – zu den Ansprüchen, dem Ruf alter Tiere, den Erinnerungen. Statt dessen die Ansprüche und Rufe vom Lichtatelier, von Design Research, von bunten Teppichen auf dem bemalten Holz.

Was das andere Haus, das ich wie eine Haut abgeworfen habe, betrifft, so bereue und betrauere ich viel. Die Abende vor langer Zeit mit H.W. und ihrer abgespielten Platte von Alice Raveau in Glucks Orfeo. *Ich höre die Musik, sehe H.W., sehr groß, alt, mit ihrer anrührenden, jungfräulichen Schönheit. Der Duft der Blätter draußen, von denen der Regen tropft, das lodernde Feuer, die Schalen mit Kapuzinerkresse überall, das orangefarbene marokkanische Tuch über dem Kaminsims. Was für ein Verlust! Ich werde sie immer lieben, die alte Dame, die uns beiden, und besonders mir, so viel gegeben hat. Mir sogar das alte Haus und die Scheune. Woher hätte so etwas sonst kommen sollen – für mich? Die ich nicht im Traum an Maine gedacht hatte, so weit von zu Hause.*

Was den übrigen Verlust betrifft, so trügen mich meine Erinnerungen vielleicht ein wenig und hellen die Dunkelheiten jener Zeit auf, die Erregtheit der Abende. Ich bin mir vielleicht mehr als jeder andere der Anziehungskraft, der Macht des Negativen bewußt. Nun, wir gehen von einem Götzenbild zum nächsten, und – man kann sagen, was man will – jedes Haus ist ein Heiligtum, in dem der Götze verehrt wird.

Unterdessen sah ich hier in New York, inmitten bedrohlicher Taxis, einen Reiter auf einem Pferd. Der Mann ritt tatsächlich so, als steuerte er ein Taxi, nervös, wütend, geradeaus blickend, in seiner Fahrspur. Immer nur in eine Richtung, vom großen Förderband des Verkehrs erfaßt – und er hätte nur eine Art von Pferdehupe gebraucht, um zu zeigen, daß der Mensch in New York ein Pferd in einen Dodge verwandeln kann.

Als wir zum ersten Mal hierher nach New York kamen, war das Haus gegenüber ein Pferdestall. Ein schönes Ziegelgebäude, gestrichen in einer staubigen Senftönung wie eine italienische Villa. Manchmal scheint der alte Bau aus dem Nachmittagsdunst, aus dem Meer von Zement, wiederaufzutauchen. Aber was würde solche Rückkehr dem Gebäude oder mir nützen?

Pferd und Reiter entkamen in den Park. Wo die alten Ställe standen, ist jetzt ein Parkplatz. Hundert schöne Streitwagen ruhen dort in der Nachmittagssonne, und am Abend steht dort manchmal, ganz allein, ein Wagen von einem, den ich kenne, und wartet auf die Mitternacht.

Viele liebe Grüße, wie immer,
Elizabeth.

Das war damals, vor vier oder fünf Jahren. Der New Yorker Wagen ist dahin, und in Maine schüttelt sich die umgebaute Scheune im jähen Küstenwind. Die weißen Gartenmöbel auf der Terrasse werden vom Nebel gewaschen, und die Terrasse selber ruht auf unsicherem Grund und scheint langsam vom Meer fortgespült zu werden. Der alte weiße, blühende Busch, prächtig mit seinen mörderischen gebogenen Dornen, steht auf der Böschung Wache. Ein hübsches Boot drängt gegen eine rote Plastikvertäuung. Stieglitze in den Erlen. Eine Landschaft, die sich mit dem Licht des Himmels verändert. Ich schaue sie oft an, und oft, wie andere hier, beglückwünsche ich mich dazu, daß ich sie angesehen habe.

Ich hatte mir vorgestellt, auf dem zerfledderten Kalender der Vergangenheit, im blätternden Strom der Zahlen, gäbe es treffende Bezeichnungen für Verstrickung und Entkommen, für Tage im Süden mit ihrem einschmeichelnden Katzenakzent und Nächte im Osten mit einer Ruhelosigkeit, die so verführerisch war wie die Winde des Äolus. Und ich glaubte, ich könnte mich selbst dort finden – der Tag markiert mit einem *Ich*.

In Wahrheit waren Augenblicke, Monate, sogar Jahre magisch. Neue Seiten wurden aufgeschlagen, Gebete erhört, und ich hörte, daß jemand nach mir rief: »Bist du da?« Der Mond tauchte das Feld in das silbrige Blaulila der Morgendämmerung.

Und doch sind die alten Seiten der Tage und Wochen befleckt mit den dunkelbraunen Ringen der Kaffeetassen, und ich finde mich dankbar aufgelöst wie der gemahlene Kaffee, auf den das heiße Wasser tropft. Wie es, vielleicht, für jemanden sein muß, der das Theater nicht mag und lieber zu Hause bleibt und den Text liest, aus dem die Schauspieler gestiefelt und gespornt herausspringen, Briefe auf Silbertellern und schöne Frauen am Fenster, die auf einen gemalten Hintergrund von Bäumen und Fabriken blicken.

Manchmal weiß ich nicht genau, wer sich die Arbeiter in ihren lauten Häusern ausgedacht hat, Häuser, die in der Landschaft liegen wie unter einer Schicht von Unterwäsche. Oder jene, die Abfall sammeln, der ihnen in der Tat so teuer ist wie Reliquien. Oder jene, die nach Liebe suchen und das Nadelöhr verfehlen.
Worte und Rhythmen, ein Wasserfall von Sätzen, blaue Lichter, Bernsteinaugen, das Meer unter einem brennenden See. Sollte ich mich an die Vollkommenheit eines spitzen Kinns erinnern, an den verschwenderischen stacheligen Heiligenschein erotischen, schwarzen levantinischen Haares? Oder an meine Rivalin, das Mädchen mit dem blaßgrünen Briefpapier?

Ach, M., wenn ich an die Leute denke, die ich begraben habe, im Norden und im Süden. Doch wie kommt es, daß wir uns die ironische Note, das Wortgeklingel der Gleichgültigkeit nicht ganz fernhalten können? Sätze, in denen ich mich um einen bestimmten leichten Ton bemüht habe – viele von ihnen haben mit Geschehnissen zu tun, mit Umwälzungen, Zerstörungen, die mich weinen ließen wie ein Kind.

. . . Oh, als ich hörte,
Daß du gingst, so schnell und sacht!
Was keine Seele je gedacht –
Nicht einmal ich – die es zerstörte.

Mutter, die Lesebrille und die Pflicht, nahe vor den feuchtkalten, so grauen Gesichtern der Damen in der Kirche zu sitzen. Und dann ein ganzes Leben lang die vielen Männer, die kamen und gingen.
Die Qual persönlicher Beziehungen. Nichts Neues darin, außer in der Verstellung und in der Flucht auf den Schwingen von Adjektiven. Es ist süß, am Ende von Absätzen von Dolchen durchbohrt zu werden.
Manchmal ärgere ich mich über das Glossar, die Konkordanz der Wahrheit, die viele über mein wirkliches Leben zu haben glauben – wie eine zweite Brille. Ich meine, diese Art von Tatsachen behindert die Erinnerung.
Andererseits liebe ich es, daß mich die kennen, an denen mir liegt. *Öffentliche Fürsorge* – ein schöner Begriff. Auf diese Weise bin ich immer am Telefon, schreibe ständig Briefe, wache immer auf, um mich an B. und C. und D. zu wenden, an jene, die ich vor dem Morgen nicht anzurufen wage und die ich doch schon die ganze Nacht sprechen muß.

Das Gedicht auf S. 173 ist eine freie Übertragung eines Auszugs aus »The Going« von Thomas Hardy.

No. 88